Family Support

現代の保育と家庭支援論

井村圭壯・今井慶宗 編著

学文社

執　筆　者

大嶽さと子　名古屋女子大学短期大学部　（1章）
栗岡　洋美　中京学院大学中京短期大学部　（2章）
木庭みち子　有明教育芸術短期大学　（3章）
野崎　真琴　名古屋柳城短期大学　（4章）
角田　雅昭　茨城女子短期大学　（5章）
曽根　章友　東北文教大学短期大学部　（6章）
砥上あゆみ　純真短期大学　（7章）
澤田　裕之　国際学院埼玉短期大学　（8章）
＊今井　慶宗　関西女子短期大学　（9，10章）
＊井村　圭壯　岡山県立大学　（10章）
太田　顕子　関西女子短期大学　（11章）
橋本　陽介　函館大谷短期大学　（12章）
大村　海太　駒沢女子短期大学　（13章）
小宅　理沙　東大阪大学短期大学部　（14章）

（執筆順・＊は編者）

はしがき

　21世紀に入り15年になるが，わが国の社会は引き続き大きく変容している。政治や経済だけではなく，私たちの生活基盤である家庭や家族のあり方や子育ての面でも変化を続けている。しかし，社会がより良い未来を築くためには，社会の基盤である家庭に対する支援を欠かすことができない。家庭への支援は制度上のものと非制度的なものがあるが，それらの構造や考え方をよく理解し活かしていくことは社会に生きる一人ひとりにとって大切なことである。

　2015（平成27）年4月に子ども・子育て支援新制度が始まった。子ども・子育て支援新制度は，子ども・子育て関連3法（「子ども・子育て支援法」，「認定こども園法の一部改正」，「子ども・子育て支援法及び認定こども園法の一部改正法の施行に伴う関係法律の整備等に関する法律」）に基づく制度である。この制度の柱として，認定こども園・幼稚園・保育所を通じた共通の給付や小規模保育等への給付の創設，認定こども園制度の改善，地域の実情に応じた子ども・子育て支援などがあげられている。これから内容が確定する部分も少なくないが，この新制度の下で在宅の子育て家庭を含む，すべての家庭及び子どもを対象とする制度の充実が求められていることは確かである。

　本書は保育士養成課程の科目「家庭支援論」に対応するテキストとして企画されたものである。各章とも家庭への支援を学ぶ際に必要となる基礎知識について最新の動向をふまえて厳選した記述にしている。わかりやすい文章や丁寧な解説に努め図表も本文の理解に資するものを精選している。これらのことから家庭支援論の基本書として学習するのに適した内容となっている。保育士養成課程で学ぶ学生などの初学者はもとより，家庭支援・子育て支援に関心のある幅広い方々にぜひ読んでいただき，子育て家庭をはじめとする家庭全般への支援の仕組みとあるべき姿についてともに考えていただきたい。

本書の執筆，編集にあたっては，各執筆者の方々，そして学文社代表取締役社長の田中千津子氏，編集部の方々には大変お世話になった。紙面を借りて感謝申し上げる。

2015 年 8 月 10 日

編著者

目　次

はしがき……………………………………………………………………… i

第1章　家庭の意義と機能………………………………………………1

第1節　「家族」と「家庭」　1

　　1.「家族」と「家庭」の定義　1／2.家族の形態　2

第2節　家庭の機能　6

　　1.現代社会における家庭の機能　6／2.わが国の家族の特徴　9

第2章　家庭支援の必要性………………………………………………13

第1節　社会背景と家族　13

　　1.性別役割分業　13／2.核家族の子育て　13／3.女性の社会進出と多重役割　14／4.多忙感を抱えるおとなたちと少子化　14

第2節　子育て，子育ちがむずかしい現代　15

　　1.子どもをもたない理由　15／2.子育ち困難　18／3.必要とされる家庭支援　18

第3節　家族に対するサービス体系　19

第3章　保育者が行う家庭支援の原理…………………………………23

第1節　家庭支援の理念　23

　　1.保育所における保護者に対する支援の基本　23／2.保育所に入所している子どもの保護者に対する支援　24

第2節　子どもの最善の利益と福祉の重視　25

　　1.「児童の権利に関する条約」　25／2.子どもの最善の利益を考慮する視点　26／3.子どもの最善の利益を考慮する4段階　26

第3節　保育者としての家庭支援　27

1．保育者と保護者との信頼関係　27／2．保護者との信頼関係を築くために　28

　第4節　保護者の養育力を支援する役割　28

第4章　現代の家庭における人間関係……………………………………… 31

　第1節　家庭における人間関係　31

　第2節　夫婦関係・親子関係　32

　　　1．夫婦関係　32／2．親子関係　34

　第3節　きょうだい関係，祖父母との関係　36

　　　1．きょうだい数の減少ときょうだい関係における育ち　36／2．三世代家族の減少と祖父母との関係の変化　37

第5章　地域社会の変容と家庭支援……………………………………… 39

　第1節　家庭を取り巻く地域社会の変容　39

　　　1．産業革命と地域の変容　39／2．都市化と家庭の変容　40

　第2節　変容する家庭と生活の社会化　41

　　　1．市場経済と家庭内労働　41／2．生活の社会化と市場経済の影響　42

　第3節　子育てしやすい地域社会の形成　43

　　　1．オーウェンの取り組み　43／2．男性（父親）の子育て参加と企業風土の問題　43／3．近隣住民による子育て支援活動　44

第6章　男女共同参画社会とワーク・ライフ・バランス……………… 49

　第1節　男女共同参画社会の実現　49

　　　1．男女共同参画社会とは　49／2．男女共同参画社会の実現に向けた取り組み　50

　第2節　仕事と生活の調和（ワーク・ライフ・バランス）　51

　　　1．ワーク・ライフ・バランスの必要性　51／2．ワーク・ライフ・バランス憲章と行動指針　52／3．ワーク・ライフ・バランスに向けた主な取り組み　52／4．地方公共団体の取り組み　53

第3節　新たな取り組みの推進　54

　　　1．「すべての女性が輝く社会」づくり　54／2．「子ども・子育て支援新制度」のスタート　55

第7章　子育て家庭の福祉を図るための社会資源 …………………… 57

　第1節　子ども家庭福祉と社会資源　57

　　　1．社会資源を必要とする子育て家庭の現状　57／2．「子ども家庭福祉」の理念　58

　第2節　子育て家庭を支える社会資源　59

　　　1．社会資源の概要　59／2．子ども家庭福祉の専門職　63

　第3節　子ども家庭福祉を図る専門職の役割　64

第8章　子育て支援施策・次世代育成支援施策の推進 ……………… 67

　第1節　少子化対策　67

　　　1．「今後の子育て支援のための施策の基本的方向について」(エンゼルプラン)　67／2．「重点的に推進すべき少子化対策の具体的実施計画について」(新エンゼルプラン)　68／3．「仕事と子育ての両立支援等の方針」(待機児童ゼロ作戦等)　69／4．少子化対策プラスワン　70

　第2節　少子化社会に対する法規定　70

　　　1．「次世代育成支援対策推進法」　71／2．「少子化社会対策基本法」72／3．「少子化社会対策大綱」　72／4．「少子化社会対策大綱に基づく重点施策の具体的実施計画について」(子ども・子育て応援プラン)　74

　第3節　「少子化対策」から「子ども・子育て支援」へ　75

　　　1．「子ども・子育てビジョン」　75／2．父親の育児参加　75

第9章　子育て支援サービスの概要 …………………………………… 81

　第1節　次世代育成支援対策推進法　81

　第2節　政府の施策と財政　82

　　　1．子ども・子育て関連3法　82／2．児童手当　82

第3節　児童福祉法に定める事業　83

　　1．放課後児童健全育成事業　84／2．子育て短期支援事業　85／3．乳児家庭全戸訪問事業（こんにちは赤ちゃん事業）　86／4．養育支援訪問事業　86／5．地域子育て支援拠点事業　87／6．一時預かり事業　87／7．家庭的保育事業　87

第10章　保育所入所児童の家庭への支援　89

第1節　「保育所保育指針」の改定　89

第2節　保育所と子育て支援　91

　　1．保育所の意義　91／2．保育所への入所　92／3．保育所の状況　93／4．保育所等に関する国家予算　94／5．保育所以外の保育施設・事業　94

第3節　保育所の子育て支援事業　95

第11章　地域の子育て家庭への支援　97

第1節　地域における子育て支援の必要性　97

　　1．地域の子育て力の低下　97／2．在宅で子育てをする保護者と子どもに対する支援の必要性　99

第2節　地域の子育て支援における取り組み　100

　　1．地域子育て支援の歩み　100／2．地域子育て支援拠点事業　100／3．地域子育て支援拠点事業（一般型）　101／4．地域子育て支援拠点（連携型）　102／5．プログラム型支援とノンプログラム型支援　102

第3節　父親への支援　103

　　1．父親になることへの支援　103／2．イクメンプロジェクト　104

第12章　要保護児童及びその家庭に対する支援　107

第1節　児童虐待への対応　107

　　1．児童虐待の現状　107／2．児童虐待の発見と対応，発生予防　108

第2節　ひとり親家庭への支援　109

1．ひとり親家庭の現状　109／2．ひとり親家庭への支援の実際　110

　第3節　障がいのある子どもをもつ保護者への支援　111

　　1．障がいの捉え方　111／2．障がい受容に対する支援　112／3．障がいのある子どもをもつ保護者への支援の実際　113

第13章　子育て支援における関係機関との連携 …………………………117

　第1節　子ども家庭福祉を担う行政機関　117

　　1．専門機関　117／2．市町村　117／3．都道府県　118／4．児童相談所　118／5．福祉事務所　118／6．保健所　119／7．市町村保健センター　120

　第2節　児童福祉施設　120

　　1．施設の種別　120／2．養護系　120／3．障がい系　121／4．育成系　122

　第3節　保育士と関係機関の連携　124

　　1．関係機関の連携の必要性　124／2．要保護児童対策地域協議会　124／3．その他の機関・事業　124／4．保育者の役割　125

第14章　子育て支援サービスの課題 ……………………………………127

　第1節　保育サービス等における課題　128

　第2節　児童虐待防止対策　131

　第3節　発達障がいの支援　133

　第4節　今後の子育て支援の課題と展望　134

索　　引………………………………………………………………………137

第1章 家庭の意義と機能

第1節 「家族」と「家庭」

1.「家族」と「家庭」の定義

　私たちは，普段，「家族」と「家庭」という2つの言葉を使い分けて使用することはほとんどないが，この2つの言葉はどのような点が異なるのだろうか。一般的な辞書を引いてみると，「家族」は「夫婦とその血縁関係者を中心に構成され，共同生活の単位となる集団」（大辞泉）と定義される。また，「家庭」は「夫婦・親子などの関係にある者が生活をともにする，小さな集団。また，その生活の場所」（大辞泉）となる。つまり，「家族」は共同生活をする「人」を表すのに対し，「家庭」は共同生活する「場所や空間」を指すということになり，「家庭」という場は「家族」によって構成され，衣食住を共有し，共同生活を営んでいるという解釈ができるであろう。しかしながら，現代の日本では，たとえばいわゆる事実婚のような，婚姻によって成立した夫婦でも血縁関係者でもない関係の場合でもお互いを家族としてみなしていたり，犬や猫などのペットも「大事な家族の一員」として捉えたりすることもある。さまざまな事がらが，伝統的な日本の慣習や価値観にこだわらずに多様化が図られている昨今，家族という概念もまた変化を遂げつつあるといえる。

2．家族の形態

(1) 家族の類型

家族の形態としては，大きく分けて「核家族」と「拡大家族」の2種類がある。

1) 核家族

夫婦1組と未婚の子どもからなる家族である。ただし，「夫婦のみ」「男親と子ども」「女親と子ども」といった場合も，核家族とみなす。2010（平成22）年の国勢調査によると，1990（平成2）年から2010年までの20年ほどの間に，三世代同居のような「核家族以外の世帯」が減少している一方で，核家族は少しずつ増加しているのが現状である（表1-1）。1980（昭和55）年代以降，結婚後も意識的に子どもをもたず，共に職業に従事している夫婦をDINKS（Double Income No Kids：ディンクス）とよび話題となったが，そのような「夫婦のみ」の家庭や，「男親と子ども」「女親と子ども」などの「ひとり親と子ども」という組み合わせの家族が年々増加しているというのが特徴であるといえる。「夫婦と子ども」世帯については，1990年の1,517万2,000世帯から2010年には1,444万世帯であり，微減はしているもののそれほど数に変化はみられない。総世帯数は1990（平成2）年の4,067万世帯から5,184万2,000世帯と増加していることから，全世帯数に占める割合から考えると，「夫婦と子ども」世帯は相対的には減少していることになる。戦後の高度成長期には，「標準世帯」といえば夫婦と子ども2人の4人で構成される世帯（有業者はそのうち1名）を指していたが，世帯数で最大となるのが「夫婦と子ども」からなる世帯ではなく「単独世帯」となってしまった昨今では，もはや「標準世帯」が「標準」を指し示すものではなくなってきているのかもしれない。

2) 拡大家族

拡大家族には「直系家族」と「複合家族」とがある。直系家族とは，親世帯と子ども世帯が組み合わさってできる家族を指す。この場合の子ども世帯とは，長男夫婦の世帯など，家系を継ぐ子どもが築く世帯を指すことが多い。現

表1—1　家族類型別一般世帯数の推移

(単位　1,000世帯)

年	総数	親族のみの世帯						非親族を含む世帯	単独世帯
		総数	核家族世帯				核家族以外の世帯		
			総数	夫婦のみ	夫婦と子ども	男親と子ども	女親と子ども			
1990	40,670	31,204	24,218	6,294	15,172	425	2,328	6,986	77	9,390
1995	43,900	32,533	25,760	7,619	15,032	485	2,624	6,773	128	11,239
2000	46,782	33,679	27,332	8,835	14,919	545	3,032	6,347	192	12,911
2005	49,063	34,337	28,394	9,637	14,646	621	3,491	5,944	268	14,457
2010	51,842	34,516	29,207	10,244	14,440	664	3,859	5,309	456	16,785

出所）国勢調査に基づき筆者作成

代日本では，「家系を継ぐ」ということが以前ほど厳密には考えられなくなったとされるが，大都市以外の郊外にある農村部には，まだ比較的多くみられるとされている。一方で，複合家族とは，親世帯と，家系を継がない複数の子ども世帯をも構成員として構成される家族であり，つまり複数の核家族が複合した形の家族のことである。この直系家族と複合家族とをまとめて拡大家族とよぶ。

(2) 家族の人数

　1960（昭和35）年には2,253万8,000世帯ほどだった世帯数も，上述のように，2010年には5,184万2,000世帯となり，ここ50年ほどの間に，世帯数そのものは2倍以上に増えていることがわかる。しかしその一方で，1世帯あたりの人員の平均は1960年の4.14人から2005（平成17）年の2.55人となっており，家族の規模が小さくなってきているといえる。また，ここ20年ほどの間に，そもそも家族という形をもたない単独家族が939万世帯から1,678万5,000世帯と，1.5倍以上にふえている。夫婦のみの世帯も629万4,000世帯から1,024万4,000世帯に増加しており，家族の形態はここ最近で大きく様変わりしつつあるといえる。

⑶ 多様化する家族形態

　昨今，父子家庭・母子家庭の世帯など「ひとり親とその子ども」からなる世帯が増えつつある。また，父親だけが仕事の都合で他の地域に居住する単身赴任家庭もある。ここでは，離婚，死別，未婚などさまざまな理由でひとり親家庭となった家族や，血縁関係のない者が親子関係を形成した家族，ひとつの家族でありながらも単身赴任という形で別居している家族など，新しい家族形態を紹介する。

　1）ひとり親家庭

　「ひとり親家庭」という言葉が定着し始めたのはつい最近のことである。以前は，父親が外で働いて経済的な役割を担い，母親が家事と子育てをして家庭を守る役割を担うという性別による役割分業が「普通の家庭」とされていたため，「欠損家庭」などとよばれていた頃もあった。現在は「ひとり親家庭」という呼称の他に「父子家庭」「母子家庭」，もしくは「シングルファザー」「シングルマザー」などが一般的である。戦後間もない頃は，戦争で夫を亡くしたことによる死別の母子家庭が比較的多くみられたが，厚生労働省の「平成23年度全国母子世帯等調査結果」によると，ここ数年は，離婚を理由とする場合が多くなり，母子家庭では全体の90％を超えており，父子家庭については，全体の80％以上にあたる。ひとり親家庭は，経済的には父子家庭の平均収入が455万円，母子家庭が291万円で，一般家庭と比べると低い収入となっている。特に母子家庭については約半数の母親の就業形態がパートやアルバイトであり，平均収入は一般家庭の45％ほどで，経済的には厳しい状況であることがうかがわれる。また，ひとり親家庭になった時の年齢が男性は38.5歳，女性は33.0歳であり，特に母子世帯では，末子の平均年齢が4.7歳と，母子ともに比較的低い年齢でひとり親となる場合が多くなってきている。現代の日本では，恋愛による結婚が圧倒的多数を占め，国立社会保障・人口問題研究所の「結婚と出産に関する全国調査」によると，約90％の夫婦が恋愛関係をきっかけとして結婚に至っている。家と家との関係性のもとに成立する従来の見合い

結婚と比べて，家同士のしがらみの緩い，自由な契約ともいえる恋愛結婚が増えたことも離婚が増加した一因となっているのかもしれない。

2）再婚家庭

どちらか一方に婚姻歴のある者が再び結婚する時,「再婚」とよばれる。そのうち，どちらか一方かあるいは両方がそれ以前の配偶者との間にできた子どもを連れて再婚し，形成される家族を「ステップファミリー」(stepfamily)とよぶ。現在どのくらいのステップファミリーが存在するか明確な数字は明らかになっていないが，新たに結婚する4組に1組は再婚家庭であることが推測されており，ステップファミリーは今後も増加するとされている。[1] 夫婦ともに初婚である場合と比べると，血縁関係のない親子が存在することになり，家族形態がより複雑なものになっているといえる。

3）里親制度によって形成された家族

現代では，さまざまな理由により実の親と暮らせない子どもも少なくない。里親制度では，そういった家庭での養育に欠ける児童にあたたかい愛情と正しい理解をもった家庭を与えることにより，児童の健全な育成を図っている。[2] 日本では，社会的養護を必要とする子どものうち，10％ほどがこの制度により里親に迎え入れられているが，諸外国と比べると割合としては非常に低い。里親とは,「児童福祉法」第6条の3により「保護者のいない児童または保護者に監護させることが不適切であると認められる児童を，自分の家庭に預かって養育することを希望する者であって，都道府県知事が適当と認めた者」と定められている。里親の種類は「養育里親」「専門里親」「親族里親」「養子縁組里親」の4種類がある。このうち委託されている子どもの数のもっとも多いのが「養育里親」である。子どもの発達の視点から考えると，特定のおとなとの間に形成される愛着関係は，その子どもの基本的信頼感を育み，社会性を培っていくためにも大切なものである。上述のように，里親制度はまだ社会全体に普及しているとはいえないが，今後里親を希望する登録里親の数が増えていくことが望まれる。

4）親の単身赴任

　全国で展開している一般企業に勤める労働者にとって避けられないものが転勤である。子どもが小さい頃は一家そろって転居し，新しい地域で新生活を送ることになる。しかし，子どもが中学校や高校に進学する年齢になると，学校や受験などの要因により，子どもの生活圏を変えることがむずかしくなってくるために，父親が単身赴任することが増えてくる。単身赴任家庭の具体的な数は明らかではないが，厚生労働省による「平成21年度全国家庭児童調査結果の概要」によると，父母ともいる家庭で，「父と別居，母と同居」を選択した割合が1999（平成11）年では2.2％だったのに対し，2009（平成21）年では4.2％となっており，10年間で単身赴任と思われる家庭の割合の増加がみられた。昨今はインターネットも普及し，距離が離れていても，日常的なコミュニケーションをとることは比較的容易になってきている。交通機関も発達し，長距離であっても比較的短い時間で移動が可能である。そのため，父親が単身赴任するということに対するハードルが以前よりも低くなっているのかもしれない。しかしながら，顔と顔を向かい合わせて寝食を共にすることはできないため，家族間の意思疎通をいかにして図っていくかが今後も課題になると思われる。

第2節　家庭の機能

1．現代社会における家庭の機能
(1)「家庭の機能」とは何か

　家庭とは，その家族にとってどのような影響を与えているのであろうか。古いところでは1922（大正11）年に，オグバーン（W. F. Ogburn）は家庭の機能について着目し，以下の7つをあげている。

　① 生産単位としての経済機能
　② メンバーを社会的に位置付ける地位付与の機能

③ 子どもに基礎的・専門的な知識や技術を伝え教育する機能
④ 家族メンバーの生命・財産を守る保護機能
⑤ 日常的な信仰活動を通じて家族メンバーの精神的安定と結束を図る宗教機能
⑥ 家族全体の安らぎを図るレクリエーション機能
⑦ 家族メンバー同士の慈しみや思いやりといった愛情機能

しかしながら，核家族化が進んだ現代では，上述のような機能が低下した家庭も少なくないとされる。たとえば上述の①の生産機能について，石川は，第1次産業などで家族が一体となって生産活動に従事しているケースはきわめて少なくなっており，家族のなかの誰かが個別に労働に従事していると述べており[3]，したがって実質的にほとんど機能していないといってよいだろう。その他の機能についても，バージェスとロック（E. W. Burgess & H. J. Locke）が，すでに社会の専門的な機関や制度が代替しているので，機能としては縮小していると論じている。

(2) 家族間のつながり

上述のように，家庭の機能が縮小する傾向にあるのであれば，家族間のつながりも薄れていくことが予測される。都筑も，以前のファミリードラマでよくみられた，ひとつのテーブルを囲んだ食事シーンが，最近ではあまりみられなくなってきたと述べている[4]。その理由として，共働き夫婦の増加により，家庭で家族と過ごす時間の減少や，子どもの習い事や塾通いなどにより，家族が揃って同じ時間を共有する機会が減ったことが考えられる。また，夜遅い時間にコンビニやファミリーレストランなどで集まって，お菓子やジュースを食べている中高生をみかけることも少なくない。井奥・中村・白石・小切間の研究においても，子どもの食生活上の問題点について「子どもの孤食の増加」をあげる養護教諭が2009年では19.4%であったが，2013（平成25）年では46.1%となっており，問題意識の高まりがうかがわれる[5]。ある意味で拘束が弱まり自由度が増したとする考え方もあるが[6]，現代社会の家族について「ホテル家族」と

も称されるように[7]，家族で共に過ごす時間が減少し，家族間のつながりが薄れ，個々にバラバラに生活をしている現状が考えられる。

(3) 子どもにとっての家庭の機能

それでは，子どもにとって家庭はどのような機能をもつのであろうか。特に乳幼児は，自分で自分を守ることができず，誰かに守ってもらわなければ生き延びていくことは不可能である。乳児であれば，食事（授乳）や，おむつ交換，入浴などの身辺自立に関する事柄は，周りの大人の支えがなくてはできないことばかりある。主に家族からの愛情をうけ，生活上の支援をほぼ100％してもらい，何年もかけて徐々に自立を図っていくのである。もちろん社会全体で子どもを育てていくという意識は重要ではあるが，子どもが育つうえでのそもそもの基盤となるのはやはり家庭である。

子どもにとっての家庭の機能として，宮沢は，

① やすらぎの場

② 学習の場

③ 反抗の場

この3つをあげている[8]。

①の機能は，親から愛情を注がれ，家族が自分を守ってくれるという安心感や，家族と過ごすことでくつろいだ気持ちになれるという働きである。親との関係性のなかで築き上げられる基本的信頼感は，一人の人間として，他者と良好な関係を築いていく上で必要不可欠なものである。基本的信頼感が形成されているからこそ，家庭での生活に安心感を抱いたり，くつろいだ気持ちになれたりする。

②の機能は，家族との生活のなかで，親からのしつけを通して，社会で生きていくのに必要な，道徳的なルールや価値観を獲得することができるというものである。また，家族との関わりを通して，人との付き合い方や，他者の気持ちの理解ができるようになる。これらは，直接的に経験することはもちろんのこと，家族の言動から観察学習することによっても獲得可能である。いずれ

にしても、社会生活の基礎となる部分を家庭が担っていることになる。

③については、主に青年期にみられるが、子ども扱いをうけることにいらだち、身近な大人である親の考えを否定することにより、自立した大人としての自己を形成することができる。反抗の程度は、個人差がみられるが、いずれにしても子どもが自立したおとなになるためには避けては通れないものである。

2. わが国の家族の特徴

(1) 少子化

わが国で少子化が問題視されるようになって久しい。2011（平成23）年の出生数は105万1,000人であり、第2次ベビーブーム期（1971（昭和46）年～1974（昭和49）年）に生まれた209万2,000人の約半数となり、緩やかに減少し続けている（図1-1）。合計特殊出生率についても、2011年は1.39であり、戦後間もない頃の第1次ベビーブーム期の4.32と比べると約3分の1にまで落ち込んでいる。この主な原因として、晩婚化と非婚化によって、高齢で出産する女性や子どもを産まない女性が増えたことがあげられる。女性の平均初婚年齢は徐々に高くなってきており、2013年には29.3歳で、20年前の1993（平成5）年と比較しても約3歳高くなっている。出産可能な年齢に限界があるこ

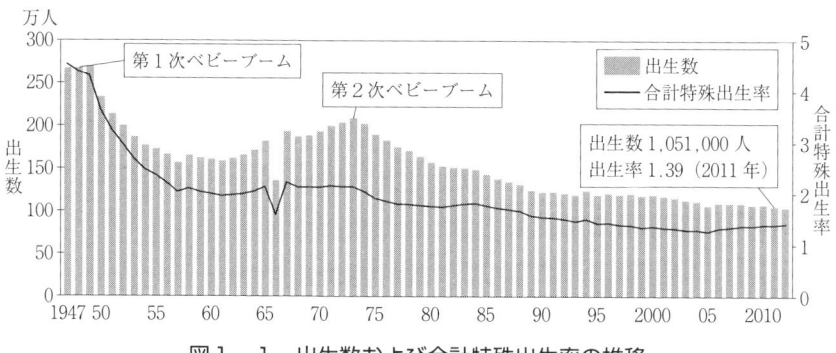

図1-1　出生数および合計特殊出生率の推移

出所）『平成25年版　少子化社会対策白書』のデータに基づき筆者作成

ともふまえると、当然のことながら生涯で産む子どもの人数も少なくなる。また、生涯未婚率も 2010 年には 10.61 となり、わが国では結婚してから子どもを授かる人や、妊娠を契機に結婚し、出産するパターンが圧倒的多数であることから、未婚率の高さも少子化の一因となっていると考えられよう。

(2) 共働き家庭

　一般世帯における共働き家庭の割合は 2010 年では 45.4％となり、年々その割合は増加している。男女共同参画社会の実現を目指して、女性の社会進出が進んだ結果ともいえる。しかし、従来わが国に浸透していた「男性は外で働き、女性は家庭を守るべき」といった性別役割分業意識については 2012（平成 24）年の世論調査では 51.6％が「賛成」もしくは「どちらかといえば賛成」と回答しており、性別役割分業をよかれとする意見はまだ多いといえる。しかしながら、共働き家庭の割合が増加していく原因として、世帯あたりの所得の問題が考えられる。20 代、30 代といった若い世代の所得について、この 10 年ほどで伸び悩んでいることが指摘されており、経済的事情から、共働きせざるを得ない状況になっているともいえる。

　共働き家庭の増加に伴って、クローズアップされつつあるのが、父親の育児参加である。従来の日本では、「子どもが 3 歳になるまでは、母親が育てなければ、子どもの発達によくない影響を及ぼす」といったいわゆる「3 歳児神話」が信じられており、母親が育児に専念することが推奨された。しかしながら、男女共同参画に対する意識の高まりとともに、夫婦の役割も変化し始め、子育ても夫婦が共に携わっていくことが強調されるようになってきた。公園やスーパーなどで、父親が子どもをベビーカーに乗せて連れている姿もよくみかける。柏木・若松の研究では、父親が育児に参加している家庭の母親とそうでない家庭の母親とでは、父親が育児に参加している家庭の母親のほうが、子育てに対する肯定感が強いことが示されている[9]。夫婦で子育てを楽しむことが、子どもの健やかな成長には大切な要素なのかもしれない。しかしながら、男性の育児休暇取得率は一般企業で 2011 年で 2.63％に過ぎず、育児の大半が女性

の負担となっていることがうかがわれる。今後は子育てにおいても男女共同参画社会実現への意識がよりいっそう高まっていくことが望まれる。

注

1) 勝見吉彰「ステップファミリーにおける親子関係に関する研究―子どもの視点からの検討」『人間と科学　県立広島大学保健福祉学部誌』第14巻第1号，県立広島大学，2014年，pp. 129-136
2) 中山正雄『実践から学ぶ社会的養護―児童養護の原理』保育出版社，2014年，p. 83
3) 石川実『現代家族の社会学―脱制度化時代のファミリー・スタディーズ』有斐閣ブックス，1997年，p. 70
4) 都筑学「家族のなかの青年」白井利明・都筑学・森陽子『やさしい青年心理学』有斐閣アルマ，2002年，pp. 60-61
5) 井奥加奈・中村友栄・白石龍生・小切間美保「2009年と2013年の食育調査にみる小学校に勤務する教員の役割分担意識と子どもの食生活における問題意識の変化」『大阪教育大学紀要　第Ⅲ部門』第63巻第1号，大阪教育大学，2014年，pp. 5-16
6) 柏木惠子『子どもが育つ条件―家族心理学から考える』岩波新書，2011年，p. 112
7) 小此木啓吾『家庭のない家族の時代』ちくま文庫，1992年
8) 宮沢秀次「生涯発達における環境と人との相互的かかわりの変化」浅野敬子・丸山真名美編『保育・教育実践のための心理学』みらい，2012年，pp. 75-76
9) 柏木惠子・若松素子「『親となる』ことによる人格発達」『発達心理学研究』第5巻第1号，日本発達心理学会，1994年，pp. 72-83

参考文献

厚生労働省「社会福祉行政業務報告　平成25年度　福祉行政報告例　児童福祉」2014年
厚生労働省「平成23年度　全国母子世帯等調査結果報告」2012年
厚生労働省「平成21年度　全国家庭児童調査結果の概要」2011年
国立社会保障・人口問題研究所「第14回出生動向基本調査　結婚と出産に関する全国調査―夫婦調査の結果概要」2011年
内閣府『平成25年版　少子化社会対策白書』
内閣府「世論調査報告書　男女共同参画社会に関する世論調査（平成24年10月）」2012年

第 2 章
家庭支援の必要性

第1節　社会背景と家族

1．性別役割分業

　第 2 次世界大戦後，日本は社会的にも経済的にも目覚ましい発展をとげ，次つぎに工場や会社がつくられていった。戦前はおとなが農業を営む傍らに子どもがいるという環境であったが，戦後，おとなが会社へ行くようになったことにより，子どもが生活する場とおとなが働く場が遠く離れ，分断された。

　そして，父親は長時間会社で働き，家事や育児は母親の役目となった。この，男性は外での仕事，女性は家事と育児という分担を「性別役割分業」という。父親が家のなかにいる時間は少なく，家族そろっての食事も減少した。母親一人に子育ての負担がのしかかり，育児ノイローゼに苦しむ母親が出てきたのもこの頃である。

2．核家族の子育て

　戦後から 1970 年代にかけて，医療の進歩により，子どもの死亡率が急激に減少した。その影響もあり，多く産んでも死んでしまう可能性が高かった多産多死の時代から，少なく産んで十分な教育環境で育てるという時代に変わっていった。

また，結婚後に親と同居せず，夫婦と未婚の子どもだけで家族を構成する核家族が増えた。このような家族形態が増えていく現象を「核家族化」という。核家族化は，祖父母からの干渉を受けずに，夫婦が自分たちに合ったライフスタイルをつくることができる。しかし，小規模化した家族は，母親に家事や育児の負担が集中するだけでなく，病気など緊急時への対応も困難となる。さらに，子ども達は親以外の人とのかかわりが少なくなると考えられる。

3．女性の社会進出と多重役割

戦後，女性達の多くが主婦になったが，その後1986（昭和61）年に施行された「男女雇用機会均等法」によって，女性が総合職に就くことが促進されたことなどにより，働きに出る女性が増えていった。そして，多様化した夫婦の働き方に合わせて幼稚園，保育所，家庭など子どもが過ごす場が選択され，子どものライフスタイルも多様化した。

女性の社会進出は，家庭以外にも自分の場を求めた精神的な面と，専業主婦では生活できなくなった経済的な面が影響していると考えられる。女性が働きに出るようになっても，性別役割分業の考え方は強く残っており，女性がますます多重役割を背負うことになった。

4．多忙感を抱えるおとなたちと少子化

技術の進歩によって人びとは便利な生活を手に入れた。しかし，利益主義に走るあまり個人への負担が増え，自分のことしか考えられず，常に多忙感を感じているおとなが増えた。そして，社会でも家庭でも先の見えない不安感や希望がもてない失望感を抱え，精神的に安定した穏やかな生活を送ることができないおとなが多い。このようなおとなの多忙感が，現代の社会問題である「少子化」に大きく影響しているのではないだろうか。

社会的状況は，家庭環境に直接影響する。おとなが安定しなければ，子どもも安定しない。保障されるべき子どもたちの穏やかで健康的な生活について，

社会全体を通して考えていかなければならない。

第2節　子育て，子育ちがむずかしい現代

1．子どもをもたない理由
　第1節では，社会状況の変化とともに女性が多重役割を背負い，子育ての負担を大きく担うようになったことがわかった。ここでは，「なぜ，現代のおとなたちが子どもをもたないのか」という理由を具体的にあげて，少子化についての理解を深めることにする。

(1)　経済的な不安
　「夫婦2人が生活するだけで精一杯である」「多額な教育費を支払っていく自信がない」という心配がある。

(2)　子育てへの不安
　未知のことに対する不安や自信のなさを感じたり，子育ての負担を考えたりすると出産に踏み切ることができない。

(3)　高年齢出産への不安と不妊
　晩婚化のなか，高齢出産が増えているが，母子の体の危険や子育ての体力について不安がある。さらに，定年後も子どもの教育費が必要になることも心配のひとつである。一方で，妊娠を望んでも高齢によって妊娠が困難な場合も多い。

(4)　身体的理由による不妊と子育て困難
　高齢ではなくても身体的な理由で妊娠が困難である，または出産はできたとしても子育てが困難である夫婦もいる。

(5)　自分のライフスタイルの維持
　「自分の時間がなくなる」「結婚が良いものだと思わない」「相手が見つからない」などという理由で，非婚者が増えている。結婚や出産によって，仕事も含めた今までのライフスタイルを変えたくないという考え方がある。

以上の理由から，"産まない"ということだけではなく，"産めない"現実が見えてきただろう。

　つぎに，母親達が実際に子育てをするなかで感じている子育ての困難さについて図2-1より捉えてみよう。

　特に，"社会からの孤立感"が母親の重大な悩みとなっており，この悩みは今後も増え続けていくと思われる。それには，寿命が延びたことや少子化で子育て期が短くなったことも影響している。子育て期は，長い人生のなかのほんの一部分である。しかし，この時期に社会からの孤立を感じた母親は，この先の人生についても孤立と不安を感じるのである。

　わが子のことを愛おしく感じている母親が多いにもかかわらず，子育てによる不安・疲労・自己嫌悪などの葛藤のなかで多くのストレスを抱え，子どもと向き合うことができない母親も増えている。また，子育ての悩みは子どもの成長とともに内容が変化していくことも保育者として踏まえておきたい。

　産むことは女性にしかできない。しかし，産む・産まないの選択の自由も同時にある。産む女性が優秀で，産まない女性が劣っているわけではない。ただ，現在は"産みたくても産めない"社会環境によってこの選択がされている場合が多い。「子どもを産みたいと思える社会」「産みたいと思ったときにいつでも産むことができる社会」のなかで，産む・産まないの選択ができる世の中を目指したい。

　出産前に障がいの有無がわかるなどの出生前診断の導入により，バースコントロール（受胎調節）が可能になった。産む・産まないの選択がさらに広がった反面，命の選択の葛藤に苦しむ親も多い。これに関しても今後，社会全体で考えていかなければならない。

　これからは，戦後につくられた性別役割分業の考え方ではなく，それぞれのライフスタイルに合わせて家事や育児や介護を分担していく柔軟性が求められる。そして，家事や育児を単純に分担するだけでなく，父親が全面的に子育て

社会的要因によるもの

〈社会からの孤立感〉
- 子育て後の自分の生活が不安である。
- おしゃれをしていない自分の姿をみるとむなしくなる。
- 日々に変化がなく，ほとんど家のなかで過ごす毎日が苦痛である。
- 普通の会話をしない毎日に寂しさを感じる。

〈重圧感からのストレス〉
- 女性が子育てをすることがあたり前と捉えられ，責任の重さを感じる。
- 頑張りや大変さを理解してくれる人がいない。

〈見通しがもてないことによる不安や焦り〉
- 子育てがわからない，自信がもてない。（経験不足や情報の氾濫）
- 社会情勢や教育環境を考えると，安心して子育てができない。

〈サポートの弱さによる母親への負担〉
- 自由な時間がない。（ショッピング，美容院，外食，トイレ，入浴などをゆっくりしたい）
- 24時間，気が休まらない。
- 家事や仕事が十分にできない。

親の要因によるもの

〈生育歴や親の気質による困難さ〉
- コミュニケーション力の不足によって，親同士の関係作りが苦手である。
- 子どもとかかわる経験がなく，子育てがわからない。
- 虐待を受けた過去などによって，子育てに自信がもてない。
- ストレスをうまく発散できず，子どもや夫にあたってしまう。
- 祖父母との関係に悩む。（やり方を否定される，考え方の違いによる衝突）
- 体調不良によって疲労が大きい。

〈ひとり親家庭による悩み〉
- 子どもに対して罪悪感を感じる。
- 経済的に苦しい。
- 多重役割を抱えて大変である。
- 再婚の悩みがある。

〈経済的に苦しい〉
- 働きに出られないため，夫の収入のみで生活しなければならない。
- 自分の化粧品や衣服を我慢して，ストレスがたまる。

〈多重役割による疲労や不満〉
- 仕事との両立で心身ともに疲れる。
- 夫が子育てに協力しないことにストレスを感じる。
- 子どもの病気で欠勤し，職場の人に気を遣うことでストレスを感じる。
- 保育園へ子どもを預けることに罪悪感を感じる。（登園時に子どもに泣かれるとつらい，「小さいうちから保育園に預けるなんてかわいそう」と周りから言われる）

〈ホルモンの状態による情緒不安定〉
- 何となくイライラしてしまう自分が嫌になる。

子どもの要因によるもの

〈子どもの気質や障がいによる苦労〉
- 知的発達，言語発達，容姿，性格について心配がある。
- 兄弟を比べてしまう。
- 発育が悪いことで心配や負担が大きい。
- 持病をもっているため，看病で疲れる。

〈子育てそのものの困難さ〉
- 思い通りに（計画通りに）進まない。
- 体も心も疲れる。
- 子どもの反抗期などへの対応が大変である。

図2—1　母親が感じている子育て困難

出所）筆者作成

や家事にかかわり，母親と同様に子どものことをいつも気に掛けながら家庭と向き合っていくことが大切である。"一緒に"という父親の姿勢が何よりも母親の支えになるのではないだろうか。そのためには，保育現場でも地域でも男性の育児参加を促し，社会全体の意識を変えていくことが必要である。

2．子育ち困難

"子育て"（親の養育）が大変であることに加え，"子育ち"のむずかしさも問題になっている。子育ちとは，子ども主体で子どもの育ちを捉えたもので，子どもが健やかに成長・発達することであるが，そのことが大変むずかしくなっている。子どもの健やかな成長のためには，体と心が安定した状態をつくることが必要である。しかしながら，「なんとなく体がだるい」「すぐに疲れる」「食欲がない」というような体の不調を示す子どもが増えている。さらに，「いつもイライラしている」「異常に甘える」「気持ちをコントロールすることが身についていかない」など，精神的に不安定な姿も増えている。

また，発達障がいを抱える子ども達の困難さも近年浮き彫りになってきている。親の育て方が悪いということではなく，その子自身が生まれながらにもっている性質によって生活や成長に困難さを抱えているのである。その子に合った特別な支援と周りの理解が必要である。

3．必要とされる家庭支援

これからの時代は家族のなかだけではなく，社会全体で子育てをしていく時代である。母親が働いている・いないにかかわらず，子育てはもはや母親だけの仕事ではない。さまざまなデータから，働いていない母親ほど他の人の手を借りずに子育てをするので，育児ストレスを抱えやすいということがいわれている。また，子育ての困難さは多くの人の手を借りたり，近所と気さくな付き合いをしたり，子育て仲間と話し合ったりすることで軽減される可能性が高いことがわかっている。

保育者は，日々親子に接するため，家族のさまざまなサインに気づくことができる存在である。1番身近な支援者になり得るといってもよい。保育者には，親の子育て支援と子どもの成長・発達の支援（子育ち支援）の両方の重要な任務が課せられている。そして，夫婦・兄弟姉妹・祖父母も含めた家族全体として広く捉えて「家庭を支援する」ことが求められている。

第3節　家族に対するサービス体系

　ここでは，社会の取り組みとしてどのような子育て支援サービスが行われているかを学ぶ。現在行われている支援サービスについて，サービス内容から6つに分類してその内容と主にそのサービスをする機関・事業をみていくことにする。

(1)　相談・情報提供サービス

　相談にのることや求められる情報（活動，施設，制度など）を伝えることを中心に行っている。これらを主としている機関は，児童相談所，家庭児童相談室，児童委員・主任児童委員，相談支援事業，不妊専門相談センターなどである。

(2)　交流支援サービス

　大きく分けて3つのタイプがある。

　① 交流の場だけを提供…園庭開放
　② 保育者やセンターの職員などの支援者が親子を集め，交流活動を提供
　　　…子育てサロン，子育て広場，子育て支援センター
　③ 住民主体の交流の場を提供…子育てサークル

　さらに，これらの組織同士の交流を進めるサービスもある。こうして同じ問題意識や目的でつながった組織のことを「子育てネットワーク」という。

(3)　子育て発信サービス

　子育てに関する知識の提供とともに，親子（家族）のかかわりを促すことを

中心に行っている。学習会や親子レクリエーション，親も巻き込んだ園行事などがこれに含まれる。市町村やNPO法人などによる子育てに関する冊子やホームページも有用な情報発信のひとつとなっている。

(4) 　子育ちを直接的に支えるサービス

子どもの成長や発達に関して，アドバイスやサポートを行っている。主としている機関は，児童福祉施設，保健センターの乳幼児健診，乳児家庭全戸訪問事業，養育支援訪問事業，家庭的保育事業などである。

(5) 　子育て負担を軽減するサービス

親（家族）に代わって一時的に子どもを預かったり，家事などをサポートしたりすることによって，母親の負担を軽減することを行っている。主としている機関は，ファミリーサポートセンター，ベビーシッター，産前産後ヘルパー，預かり保育，一時預かり保育，病児・病後児保育，短期入所生活援助（ショートステイ）事業，児童夜間養護等（トワイライトステイ）事業，障がい児・者を対象とした居宅介護事業（ホームヘルプ），家庭的保育（保育ママ），学童保育などである。

(6) 　金銭的なサービス・支援

児童手当，医療費助成制度，妊婦健診の公費負担，出産費用の助成，就園奨励費，就学援助費，児童扶養手当など，さまざまな経済的援助がある。

これらの子育て支援サービスは，家族が必要に応じてその場を訪れてサービスをうける場合や，支援者が家庭を訪問してサービスを提供する場合，一時的または定期的にその施設に家族が通ってサービスをうける場合，ある期間その施設に入所してサービスをうける場合がある。

その他，時短勤務や育児休業制度など制度としてはあるものの，実際は十分に機能していないものも多い。おとなたちが多忙感から解放され，それぞれのライフスタイルを認め合うことができる社会をつくることが，子育てや子育ちの支援につながるのではないだろうか。

参考文献

落合恵美子『21世紀家族へ（第3版）』有斐閣，2004年
土谷みち子『家庭支援論』青踏社，2011年
丸山美和子『子どもの発達と子育て・子育て支援』かもがわ出版，2003年
子どもと保育総合研究所『最新保育資料集2014』ミネルヴァ書房，2014年

第3章 保育者が行う家庭支援の原理

第1節　家庭支援の理念

　保育所が行う家庭支援は，第1に日々保育所に通所（園）している子どもとその保護者が対象である。第2に保育所が設置されている周辺の地域の子育て家庭を対象とする。

　2008（平成20）年に改定された「保育所保育指針」の第6章「保護者に対する支援」では「保育所における保護者への支援は，保育士等の業務であり，その専門性を生かした子育て支援の役割は特に重要なものである。保育所は，第1章『総則』に示されているようにその特性を生かし，保育所に入所する子どもの保護者に対する支援及び地域の子育て家庭への支援について，職員間の連携を図りながら，積極的に取り組むことが求められる。」としている。

1．保育所における保護者に対する支援の基本

　まず，「保育所保育指針」第6章では，保育所における保護者に対する支援の基本として，次の事項に留意すべきこととされている。
　(1) 子どもの最善の利益を考慮し，子どもの福祉を重視すること。
　(2) 保護者とともに，子どもの成長の喜びを共有すること。
　(3) 保育に関する知識や技術などによる保育士の専門性や，子どもの集団が

常に存在する環境など，保育所の特性を生かすこと。
(4) 一人一人の保護者の状況を踏まえ，子どもと保護者のかかわりを尊重し保護者の養育力が高まるように，適切に支援すること。
(5) 子育て等に関する相談や助言に当たっては，保護者の気持ちを大切にし，保育士と保護者の信頼関係を基本に，保護者一人一人の自らの気づきを尊重すること。
(6) 子どもの利益を損なうことの無いように保護者や子どものプライバシーの保護や知り得た事柄の秘密保持に留意すること。
(7) 地域のなかでの子育て支援に関する資源を積極的に活用するとともに，子育て支援に関する地域の関係機関，団体等との連携・協力を図ること。

2．保育所に入所している子どもの保護者に対する支援

さらに「保育所保育指針」第6章では，保育所に入所している子どもの保護者に対する支援の留意事項として，次のことを示している。

(1) 保育所に入所している子どもの保護者に対する支援は，子どもの保育との密接な関連の中で，子どもの送迎時の対応，相談や助言，連絡や通信，保護者会や行事など様々な機会を活用して行うこと。
(2) 保護者に対し，保育所における子どもの様子や日々の保育のねらいなどを説明し，子どもの成長や課題について保護者と相互理解を図るように努めること。
(3) 保育所は，保護者の仕事と子育ての両立等を支援するため，通常の保育時間に加えて，保育時間の延長，休日，夜間の保育，病児・病後児に対する保育など多様な保育を考慮し，保護者の生活実態に配慮するとともに，子どもの福祉は最大限尊重されるよう努めること。
(4) 子どもに障害や発達上の課題が見られる場合には，市町村や関係機関と連携および協力を図りつつ，保護者に対する個別の支援を行う。
(5) 保護者に，育児不安や精神的疾患などが見られる場合には，保護者の希

望に応じて個別の支援を行う。

(6) 保護者に，何らかの原因で不適切な養育等が疑われる場合には，市町村や関係機関と連携し，「要保護児童対策地域協議会」で検討するなど適切な対応を図ること。また，虐待が疑われる場合には，速やかに市町村，または児童相談所に通告し，適切な対応を図ること。

　これらによって保育所の家庭支援のあり方の基本姿勢が示された。このことは，保育現場の実践においても十分に留意されなければならない。

第2節　子どもの最善の利益と福祉の重視

1．「児童の権利に関する条約」

　「児童の権利に関する条約」第18条では，次のように規定されている。

　まず第1項では，「締約国は，児童の養育及び発達について父母が共同の責任を有するという原則についての認識を確保するために最善の努力を払う。父母又は場合により法定保護者は，児童の養育及び発達についての第一義的な責任を有する。児童の最善の利益は，これらの者の基本的な関心事項となるものとする。」としている。

　第2項では，「締約国は，この条約に定める権利を保障し及び促進するため，父母及び法定保護者が児童の養育についての責任を遂行するに当たりこれらの者に対して適当な援助を与えるものとし，又，児童の養護のための施設，設備及び役務の提供の発展を確保する。」とする。

　そして第3項では，「締約国は，父母が働いている児童が利用する資格を有する児童の養護のための役務の提供及び設備からその児童が利益を受ける権利を有することを確保するためのすべての適当な措置をとる。」と規定する。

　まず，第1項の「父母又は場合により法定保護者は，児童の養育および発達についての第一義的な責任を有する」という部分に注意を要する。現在，地域には行政や市民の組織による子ども家庭支援が存在している。子育て支援提供

者は，この規定から逸脱しないように，保護者の子育て責任の存在を常に意識しておくことが大切である。第2項では「締約国」が「父母及び法定保護者が児童の養育についての責任を遂行するに当たりこれらの者に対して適当な援助を与える」とする。これは支援を求める側の子育て家庭の多様性に対応するもので，その責任を国に位置付けている。これらは，子ども家庭支援に関係する保育所やその他の施設でも位置付けられるべき大切なことである。なぜならば，行き過ぎた援助は，保護者の子育て責任を弱めてしまうという可能性があり，逆に足りない援助は，児童虐待や育児放棄を生む素地を作りかねないからである。

2．子どもの最善の利益を考慮する視点

　子どもの最善の利益を考慮するにあたって，第1に子どもが人間として尊重され人権や権利が守られているかを考えなければならない。そのために日常的に自らの人間観や子ども観について振り返り確認する姿勢や努力が問われる。

　第2に保護者や保育者などの利益が先行していないかを考慮し子どもの利益が損なわれていないかに最大限配慮することが重要である。

3．子どもの最善の利益を考慮する4段階

　子どもの最善の利益を考慮し，子どもの福祉を重視するという基本的姿勢は，保護者支援が，まず何よりも子どものためになされるということの重要性を強く認識することを求めているといえる。それを具体的に進めるに当たっては，子どもの発達段階に沿い受動的権利主体から次第に能動的権利主体へとウエイトが高くなる。

　それを4つの段階に分けると，次のようになる。

　　第1段階：子どもの命や健康，成長発達が脅かされることのないように配慮する。

具体的には，命が脅かされたり，健康，安全が軽視されたり，虐待，ネグレクトがなされたりすることがないように考慮する。

第2段階：子どもへの差別，偏見，蔑視がなされないように配慮する。

保育者は，子どもを未熟な者，弱者とする先入観や固定観念をもって対応したり子どもの尊厳を損なったり，その人格を辱める行為などがないようにする。

第3段階：子どもの思い・願いを無視・軽視することのないように配慮する。

具体的には，保護者や保育者の思いのままに，子どもを支配・管理し動かそうとすることのないように，子どもの思いや，願いに心を傾けることが大切である。

第4段階：子どもの意見を確かめるように配慮する（意見表明権の尊重）。

具体的には，子どもの思いや意見を積極的に受け止め聴き取ろうとしたり，さまざまなサインで表現する子どもの要求を見逃さず努力し，関わる。

発達段階に沿ってそれぞれの権利主体性に留意し尊重することは，保育士が保育実践をしていくうえで重要な視点であると考えられる[1]。

第3節　保育者としての家庭支援

1．保育者と保護者との信頼関係

ここでの保育者のもっとも大きな目的は，保護者が自らの子育てに意欲や自信をもって子どもと向き合うことができるよう支えていくことである。

保育者と保護者が互いにその子どもの育ちに深くかかわるパートナーとして，信頼しあえる関係を作っていくことが，保育者による家庭支援の第一歩といえるだろう。

2．保護者との信頼関係を築くために

　現在の子育て家庭を取り巻く環境（地域社会）は，都市化や核家族化により身近に相談する相手ができにくい状況（孤立化）である。保護者はさまざまなメディア（雑誌・インターネット・テレビ・子育てに関する書籍など）からの情報を通じて「理想的な子育て」や「標準的な子ども像」を取り入れ，自分の子育てや子どものイメージを形成していくことが多くなっている。しかし実際の子どもの育ちは多様性に満ち，結果として多くの保護者は「思っていたのとはまったく違う」子育ての現実にとまどい悩むことになる。保育者による子育て相談支援は，このように子育ての現実に直面している保護者を深く受容し共感しつつ「こういう見方もありますよ」「こんな方法が役に立つのではないでしょうか」という支えや見通しを提供し，保護者の「よい親でありたい」という願いを尊重し，それが真に子どもの幸せにつながるよう適切に発揮されることにより，保護者自らが気づいていくことができるようにする大切な役割がある。

　保育者は，決してその保護者が「よい親」であるかそうでないか，あるいは子どもの育ちが順調であるかそうでないか，といったことを評価・判断したり指摘したりする存在ではない。また，「子どもにこんなことをしてはいけない」「こういう親になりなさい」と保護者に注意したり要求したりする存在でもない。保護者の伴走者として，ともに子どもに関わりながら育ちのプロセスを大切にしていくことを常に自覚し，子どもの成長の喜びを共有する考えを基本に，保護者に伝えていく姿勢が重要である。

第4節　保護者の養育力を支援する役割

　保育者による子育て支援は，単に子育て家庭の負担を軽減したり，「欠けている」何かを補うためのものではない。子どもの健やかな育ちとともに，保護者が子どもを養育していく主体者として成長していくプロセスを支えていくことも重要な役割である。保護者の「養育力」とは個人がもつ実践的な知識や技

術だけではない。もちろんこれらは子育てをするにはなくてはならないものだが，実際には保護者をとりまく他者との関係についての認識（その関係について本人がどのようにとらえているか）を含め多様な要因が子育てにかかわっていて，またこれらが互いに影響しあっていることも多い。

　家族の人間関係の悪化が保護者の自尊感情を傷つけ，子育てに対する意欲の低下につながっているといった場合がある。

　子育てにかかわるさまざまな要因は，その人なりの「強み」「弱み」とも言い換えられ養育する側の人格によるところも少なくない。一つひとつの良し悪しということではなく，その人の人格全体としての子育てのありようがどのように発揮されているのかということを捉えることが，支援する側にとって重要である。たとえば「一般的に自己主張が強く感情のコントロールがむずかしい成長期の２歳児の子ども」と日々１対１で直面する保護者は，相手にどう対処したらよいかわからず精神的に苦しい状況を生むかもしれない。保護者が心理的な負担を一人で抱え込まないような支援が求められる。保育者は，保護者のもつ「養育力」の全体像を広く視野に入れながら，一人ひとりの保護者に応じた支援をしていくことが求められる。保護者のもつ「強み」を高め「弱み」を見守り，保護者自身が自分の良い面に目を向け，自信や意欲を回復するようなコミュニケーションを図ることが大切である。

注

1）全国保育士養成講座編集委員会『家庭支援論』全国社会福祉協議会，2014年，pp. 148-149

参考文献

高橋貴志編著『保育者が行う保護者支援』福村出版，2014年
金子恵美『保育所における家庭支援（増補）』全国社会福祉協議会出版部，2010年
『保育所保育指針』フレーベル館，2008年
新開英二「育児力の再生，園の役割，家庭の役割―汐見稔幸教授に聞く」『げ・ん・き』No. 78号，エイデル研究所，2003年

井桁容子「新しい親と子を支えるため信頼される保育者であるために―育ちの土台を支える」『げ・ん・き』No.148 号，エイデル研究所，2015 年
井村圭壯・相澤譲治編著『保育と家庭支援論』学文社，2015 年

第4章 現代の家庭における人間関係

第1節　家庭における人間関係

　家庭における人間関係は，ほとんどの人にとって生まれて初めて経験する人間関係であり，初めて所属する社会である。家庭には，夫婦，親子，きょうだいなどのさまざまな関係があり，そのなかで相互の関わりを体験したり見たりすることによって，子どもは自分が属する社会の価値観や規範，行動様式を身に付けていくのである。戦前，家族の形態は，三世代家族など直系家族を中心とし，一家族の構成員数も多く，そこにみられる関係性も，夫婦，親子だけでなく，祖父母，曾祖父母，伯叔父母なども存在し，多様な関わりがあった。戦後は，核家族化，さらに少子化が進むなか，家族は小規模化し（1953（昭和28）年の平均世帯人員は5.00人であったが，2012（平成24）年には2.57人にまで低下した）。家庭のなかで多くのかつ多様な続柄の人との関わりを経験する人の割合は，減少してきている。

　また，第一次産業中心で，家庭が仕事と生活の両方を営む場であったかつての時代と比べて，現代においては，食事や団らんなど家族全員で共有する時間や空間が減ってきている。これは，自分の部屋でテレビを見たり，自分の都合の良い時間に個々に食事をしたり，家庭においても個人の生活スタイルを容認する意識が一般化し，また家を離れて各自が職場や学校に行くことで，家族成

員間で生活時間がバラバラになっていることが関係している。このような状況のなかで、コミュニケーションや交流の少ないあるいはほとんどない家庭も増えている。しかし一方で、家庭での母子関係は密になっている傾向もみられる。

第2節　夫婦関係・親子関係

1．夫婦関係
(1)　戦後における結婚のあり方の変化

　戦前においては、「家」制度のもと、結婚は、当人同士の意思や愛情とは関係なく、家同士を結びつけることに重きが置かれ、家父長がその決定権を握っていた。しかし、戦後、新憲法が発布され、そこに定められた個人の尊重、男女平等の理念に基づき、婚姻は、当人同士（両性）の合意により決定できるようになった。そこから次第に、愛情関係を重視した結婚が浸透していったのである。戦前には7割を占めていた見合い結婚が、戦後減少する一方で、恋愛結婚率は上昇し続け、1960年代末には両者が逆転し、90年代半ば以降見合い結婚の割合は1割を下回るようになった。このことからも結婚、夫婦関係における愛情重視の傾向が強まったことがわかる。このことに加えて、今日、ライフコースが多様化しており、結婚の形も事実婚、同棲婚、同性同士の「結婚」など、事実上の夫婦関係、パートナーシップ関係にさまざまなケースがみられるようになった。また、結婚すること自体も人生の選択のひとつであり、必ずしもする必要がないとの考え方も広がっている。

(2)　共働き夫婦の増加

　戦後、特に高度経済成長期を通して、「夫は外で仕事、妻は家事・育児」といった夫婦における性別役割分業が定着していった。しかし、女性の高学歴化、社会進出が進むなか、1990年代に入ると共働き世帯が専業主婦世帯を上回るようになった。さらに、子どもがいる夫婦の方がいない場合よりも、共働

き率が高い傾向にあることも示されている。母親の就業率も上昇傾向にあり，2013（平成25）年度の「国民生活基礎調査」によると，母親（18歳未満の子をもつ）の就業率は63.1%である。末子が0歳の場合は34.7%，3歳で50.8%，5歳で63.3%と，子どもの年齢が上がるにつれて就業率も上昇し，末子が17歳の場合では8割以上となっている。また，結婚後の妻の就労に対する考え方（18〜39歳の未婚男女）については，男女とも専業主婦志向が減る一方，仕事と家庭の両立志向は増えており，特に男性の方が両立志向の傾向が顕著になっている。

(3) 家事・育児における役割分担

共働き夫婦が増えるなか，家庭での家事・育児における夫婦間での分担はどうなっているのであろうか。総務省の「社会生活基本調査」(2011)によると，育児や介護も含む家事関連時間について，既婚男女で比較すると，男性は平均1時間未満であるのに対して，女性は平均約5時間であり，専業主婦の場合は7時間を超える。専業主婦であれ，共働きの妻であれ，家事・育児の負担は，女性の方がかなり大きい。国立社会保障・人口問題研究所による「全国家庭動向調査」(2014)でも，夫婦間での家事負担の割合は妻が約85%，育児は少しずつ夫にシフトしているものの妻が8割近くを担っていることが示されている。男女平等は戦後法律で保障され，理念としては社会にも広がり，女性の社会参加も進んでいるが，家庭での家事・育児の負担は，依然として女性に偏っている。

(4) 夫婦間のコミュニケーション

かつての日本の夫婦関係といえば，たとえば「あうんの呼吸」といった言葉で表されるような，黙っていても互いにわかり合えるという関係が理想的なものとして捉えられる傾向にあった。しかし，今日では，夫婦間におけるコミュニケーション不全は，互いの意識にズレが生じると，次第に気持ちが離れていき，修復が不可能なまでに関係が崩れてしまう可能性があることは，「熟年離婚」「家庭内離婚」などといわれる現象が多くみられるようになったことから

も理解される。年齢が上がるとともに夫婦間の会話が減る傾向も指摘されており，特に子どものことについては，父親が母親任せにしていることが多い。しつけや教育など母親一人で抱え込んでしまうことで，ストレス状態に陥ったり，夫に不満をもったりする場合がある。ある結婚に対する満足度の調査からは，妻の満足度の方が，夫の満足度より低く，また年齢が上がるにつれて低くなることが示されている。夫婦のコミュニケーションのあり方における問題もその背景として考えられる。

(5) 離婚の増加

　戦前の「家」制度では，婚姻は男性側の「家」を中心とした儀式であり，離婚も男性側から女性側へ一方的なものであった。戦後，当人同士の意思や愛情関係を根拠とした結婚が増えるなか，パートナーに対する気持ちが冷めれば関係を維持することがむずかしくなり，関係破綻つまり離婚に至るケースも増えていった。実際に戦後，時期による増減の変動はあるが，長期的にみると離婚率は高くなっている。また，戦後は男女平等の理念が社会の諸側面に広がり，夫婦間において妻が発言力や決定権をもつようになったり，経済的に自活できる女性が増えたりしたことも離婚の増加の背景にある。また，ライフコースの多様化により，結婚と同様，離婚も個人の自由であり，問題のある結婚ならば解消したほうがよいと，離婚を肯定する人がとりわけ女性に増えている。このような人びとの意識の変化も離婚に対する抵抗感を低くしたといえる。

2. 親子関係
(1) 孤立した子育てと母子密着

　核家族化，地域社会のつながりが希薄化した今日，身近な親族や地域の人の助けを得ながら，親が子育てをすることはむずかしくなってきている。少子化のなか，子どもを介した親同士の関係も作りにくい。このような状況で，母親は家族以外の人との関わりをもてず，とりわけ専業主婦においては子どもとだけの関係に閉ざされて，母子密着の状態になることが少なくない。そして，周

囲との関わりや助けの得られない孤立した状態での育児は，実際の負担以上の大きな負担感や不安を感じることにもなり，母子カプセル状態のなか，時にその精神的ストレスは子どもに向けられてしまうこともある。父親が育児に非協力的，あるいは協力する意思はあっても毎日仕事からの帰宅が遅く現実には協力，相談の相手として期待できない場合は，より一層の精神的な孤立，母子密着の状態に陥りやすい。

　また，今日子育てをしている母親の世代は，自分自身が少子化傾向のなかで子ども時代を過ごした者も多く，年の離れたきょうだいや近所の子どもなど，乳幼児の世話をしたり，一緒に遊んだりといった，直接関わる体験がないまま親になるケースが多い。乳幼児との関わり方そのものがわからないゆえに，周囲からの支えがなければなおさら，過保護，過干渉や放任など不適切な養育をしてしまう可能性がある。今日では，インターネットや育児本などから育児情報は豊富に得られるが，それが目前にいる現実のわが子には通用しなかった場合，再び不安に陥ったり，かえって自信をなくしたりすることもある。

(2) 父親の存在感の薄さ

　かつて家庭において父権が絶対的であった時代には，父親は周囲から権威あるものとして捉えられ，そのことも影響して，父親自らも威厳ある者と意識して振る舞い，存在感をもっていた。しかし，産業化により，家の外でサラリーマンとして働く父親が増え，家庭で過ごす時間が短くなると，子どもが父親の働く姿を直接みる機会はほとんどなくなり，なおかつ父親が家にいても家事・育児にそれほど携わっていない場合，父親の役割は意識されにくく，存在感は薄くなる。特にわが国では，男性は，長時間労働や育児休暇の取り難さなど，就労状況も関係し，家庭で家事・育児をする時間がとれないという事情もある。しかし，仮に時間など物理的には家事・育児に携わることができる状況にあっても，家事・育児は妻の役割であり，夫は参加，協力する立場であると考えるなど，当事者意識が低い男性が少なくない。近年，育児に積極的に携わる父親のことを「育メン」とよぶなど，子育てする父親について世間で話題にな

ることが多くなった。しかし，そのこと自体，現実にはそのような父親がまだ一般的ではないことを表しているといえよう。

第3節　きょうだい関係，祖父母との関係

1．きょうだい数の減少ときょうだい関係における育ち

　子どもにとって親などおとなとの関係は「たて」の関係といわれ，おとなは子どもと関わる際，相手が自分よりも弱い立場にあることを考慮し，手加減して振る舞うことが多い。子どもにとっては，守ってもらえ，甘えられる関係である。一方，同年代の子ども同士の仲間関係は，「よこ」の関係といわれ，互いに対等な立場であるがゆえに，競争や対立もあるが，協同することも多い。この関係のなかでは，対人関係上のルールや自己抑制力，自分と他者との意見を調整したり，協力したりする力などが身に付く。きょうだい関係は，「たて」と「よこ」の両方の側面をもっているので「ななめ」の関係といわれる。きょうだい間では，手加減のないけんかもあるし，何かにつけて独り占めができないので，我慢する場面も多くなる。一方，上の子どもが下のきょうだいをかばったり，なだめたり，世話することもあり，上の子にとっては，相手を思いやって行動することを学ぶ機会が得られるし，下の子にとっても，そのような思いやりの行動など，上のきょうだいをモデルにしてさまざまなことを学ぶことができる。このように，きょうだい関係では，いずれ社会に出て必要とされる対人関係の基礎的な力を，日常生活のなかで養いやすくなる。

　子どもの育ちにとって意義あるきょうだい関係であるが，きょうだい数はかつてとくらべて減っている。きょうだい数の変化を知るひとつの目安として，夫婦の平均子ども出生数（完結出生児数）をみると，1940（昭和15）年には4.27人であったが，戦後大きく低下し，2人あたりで長く推移してきており，2010（平成22）年は1.96人であった。また，1977（昭和52）年以降，一夫婦における出生数は2人がもっとも多く，夫婦の半数以上を占めてきた点はこれまで

30年以上変わらぬ傾向である。しかし，3人きょうだいは次第に減少，一方でひとりっ子は増加していることから，家庭におけるきょうだい間の育ち合いの機会は少なくなってきたといえる。

2．三世代家族の減少と祖父母との関係の変化

　三世代家族における祖父母の存在は，たとえば，子育てや生活上の知恵の伝承，実際に家事・育児に携わることなどで，家庭における役割を担ってきた。子どもにとっては，親とは異なる高齢世代の人と日常的に関わるなかで，高齢者の心身の特徴を理解し，思いやりやいたわりの気持ちが育まれたり，生活や人生の知恵を授かったり，人間関係の経験を量的にだけでなく質的に豊かにする機会が得られる。

　戦後は，核家族化が進むなか，三世代世帯はその数も割合も減少傾向にあり，1970（昭和45）年には全世帯数の19.2％と2割程度あったが，2013年には6.6％にまで減っている。また，65歳以上の高齢者がいる世帯のうち，三世代世帯は1980（昭和55）年の50.1％から30年で15.3％（2012年）にまで減っており，代わって夫婦のみや単独の世帯が増えている。かつては，高齢者の同居志向が高かったが，近年，子や孫との付き合い方に対する意識は変わってきており，子や孫とはいつも一緒にいるより，時々会って食事や会話をする程度の付き合い方を望む傾向にある。近年は，長寿社会のなか，子育てや仕事の現役時代を終え，第3の人生として自分自身の趣味，生活，友人関係などを大事にし，余生を過ごす高齢者も増えた。また，晩産化が進み，祖父母になる年齢も高くなり，孫の世話も体力的負担が大きかったりすると，子や孫の世話や関わりに積極的になるわけではないケースもみられる。また昨今，メディアなどさまざまな手段で育児情報を得て，自分なりの養育方針をもっている親も増えており，祖父母との間で育児に関する考えや方法にズレが生じると，好意的に支援したり支援されたりという関係ではなくなる場合もある。それでも祖父母との同居は，そうでない場合と比べて，母親の家事育児の負担が減る傾向，き

ょうだい数が多くなる傾向も示されており，先に述べたことも合わせて，子育て支援に寄与する側面は多いといえる。

参考文献

柏木惠子・大野祥子・平山順子『家族心理学への招待―今，日本の家族は？家族の未来は？』ミネルヴァ書房，2006 年
厚生労働省編『平成 25 年版　厚生労働白書』2013 年
内閣府編『平成 26 年版　高齢社会白書』2014 年
牧野カツコ・渡辺秀樹・舩橋惠子・中野洋恵編著『国際比較にみる世界の家族と子育て』ミネルヴァ書房，2010 年
住田正樹編『子どもと家族』学文社，2010 年
国立社会保障・人口問題研究所「第 14 回出生動向基本調査」2010 年
袖井孝子編著『少子化社会の家族と福祉―女性と高齢者の視点から』ミネルヴァ書房，2004 年
今川峰子編『新・教育心理学』みらい，2000 年

第5章 地域社会の変容と家庭支援

第1節　家庭を取り巻く地域社会の変容

1．産業革命と地域の変容

　18世紀後半にイギリスにはじまった手工業生産から工場制生産への変革は，たんなる技術変革にとどまらず，産業構造や地域社会に大きな変革を引き起こすこととなった。この大変革を産業革命とよぶ。

　明治時代以降に国家をあげて近代化に取り組んだ日本も，この産業革命の影響をうけることとなる。各地に紡績工場や製鉄所などが設立され，資本主義経済のもと社会的分業が進み，工場などで勤務する労働者があらわれることとなった。

　それでも戦後の1950年代まで日本では，第1次産業（農業，林業，漁業など）の就業者数がもっとも多かった。しかし，1960年代にはじまる高度経済成長期を迎えると，その様相は大きく変容する。工業生産高が伸長する一方で，第1次産業の就業者数が相対的に減少しはじめたのである。

　ところが，第2次産業（製造業など）の就業者数は，作業の機械化や合理化などによって，工業生産高のようには伸びることはなかった。その代わり第3次産業（商業，サービス業など）の就業者が増加したのである。1975（昭和50）年には，第3次産業の就業者数が50％を超え（図5-1），現在もその比率は高

まり続けている。一方で、第1次産業就業者数は減り続けており、農村部では人口減少が止まらない状況が続いている。その影響により、現在の日本は以前とは違い食糧自給率も低下し、家庭の食卓にのぼる食べ物の多くを輸入に頼るようになっている。

2．都市化と家庭の変容

　こうした産業構造や食生活など生活スタイルの転換は、地域社会にも影響を及ぼすこととなった。高度成長期以前の農業は多くの人手を必要としたこともあって、三世代以上が同居して暮らすことも普通だった。また、自然と向き合うその営みは、村落全体で協同する必要もあったため、子どもたちは自ずと顔見知りのおとなに囲まれて成長することができた。おとなたちも、他人の子どもと自分の子どもを区別することなく同様に面倒をみて、子どもは地域全体で見守られていたのである。いわば、子育てが地域全体で営まれていたともいえる。それは、まるで稲の成長を見守るかのように、子どもたちがその地域の一員となって、おとなたちの次の世代を担うために必要なこととして、村落共同体のなかで脈々と続けられてきたのである。この時代の子育ては、地域の豊かな人間関係のなかで行われていたのである。

　ところが、第2次・第3次産業が主流となると、工場や企業が多く立地している都市部に人口は流出することとなる。第1次産業が中心の村落は過疎化と高齢化が進み、第2次・第3次産業が中心の都市部に人口が集まるようになっていったのである。そして都市での生活は、家庭の形態にも大きく影響を及ぼすこととなった。そのひとつが核家族の増加である。村落のような大家族を必要としない、人口密度の高い都市部での生活に合わせた形態がこの核家族ともいえる。この変化は、世代や成員の減少にとどまらず、個人や家庭がそれまでの地域とのかかわりから切り離されることまでを意味していた。多くの人に住まれる都市なのだが、村落のような協同の労作で代々形づくられてきた人間関係があるわけではないので、どうしてもそれは希薄になりがちである。そし

第5章 地域社会の変容と家庭支援 41

■第1次産業 □第2次産業 ■第3次産業

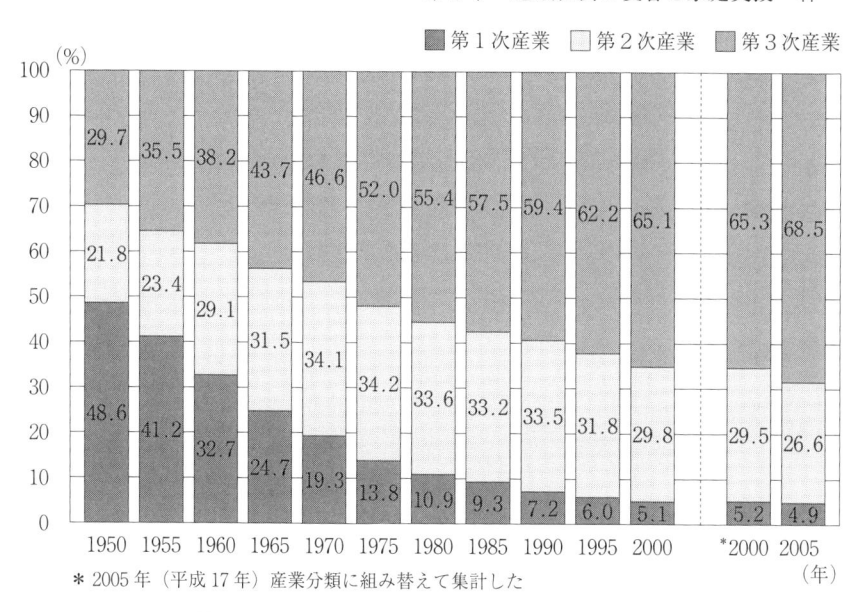

図5-1 産業（3部門）就業者の割合の推移
〔昭和25年（1950年）〜平成17年（2005年）〕

出所）総務省「平成22年 国勢調査」

て，それまで地域のなかで育まれてきた子どもたちについても，都市化が進むなかで，それぞれの家庭が個々に子育てを行わなければならなくなっていくのである。

第2節　変容する家庭と生活の社会化

1．市場経済と家庭内労働

産業革命は，それまで家内で小規模に行ってきた生産を，社会的分業をすすめながら工場に集中することで，効率的で大規模な生産体制に転換していった。それとともに，工場での集団労働によって作り出された生産物が，労働者自身の所有を離れて経営者や資本家の所有となるということがおきてきた。こうした現象を「生産の社会化」とよぶ。

こうした労働・生産過程の変化は、そこで仕事をしている人びとの家庭にも影響を及ぼすことになる。従来は家庭内の営為だった家事についても、「家庭内労働[1]」と捉え直され、従来私的に行われてきた家事全般が、その作業の細分化過程を経て、部分的に家庭外の生活手段やサービスに代替されることがおきてくるのである。具体的には、各種の商品やサービスによって家事が省力化されたり、保育所や介護サービスによって家庭内労働が代替されたりすることをさす[2]。こうして市場経済が家庭内に深く影響を及ぼすようになるのである。

さらに家庭内労働の負担減少は、不景気などの影響も受けながら、それまで家庭内労働の主要な担い手だった女性の就職を促進することにもなる。しかも、その女性が家庭外の労働に就くことで、ますます家事負担の軽減化ニーズが高まっていくという様相を示すことになるのである。

２．生活の社会化と市場経済の影響

つまり、産業や市場経済の発展によって、家庭内の私的な部分であった家事を、一部社会に委ねるということがおきてきたのである。こうしたことを「生活の社会化」とよぶのである。しかも、これまでの家庭内における性別分業はそのままに、その生活の社会化は進められてきたことによって、歪みも生じることになった。つまり、主要な担い手でもあった女性が就職することによって、家庭内で伝統的に営まれてきた家事の解体がすすむこととなったのである[3]。家庭の食卓の激変[4]などは、その典型的な例といえるだろう。

こうして村落で営まれていたような、従来の伝統的な家庭内の営為は急激に衰退し、代わってさまざまな家電製品や外食産業などが家庭内に浸透することになった。そのため、地域にはその家庭を支えるための、24時間営業しているコンビニエンスストアや、ファミリーレストラン・家電量販店などが店舗展開し、最近ではインターネットを利用した通信販売も普及して、地域とともに家庭のあり方も大きく変容してきたのである。また、従来公的セクターに担われてきた保育や介護などについても、競争原理の導入とともに契約制度へ移行

しつつあり，徐々に市場経済の影響が及ぶようになってきている。

　このようにして，都市化によって希薄化した人間関係のなかで，子育てをしている家庭は，家事，介護，そして保育などまで，消費者としてサービスを選択する存在に変わってきたのである。

第3節　子育てしやすい地域社会の形成

1．オーウェンの取り組み

　労働者同士の協同や人口流入した都市生活全般にわたる諸問題は，産業革命初期の頃から指摘されていた。そして，スコットランドのニューラナークで工場主をしていたオーウェン（R. Owen）は，当時社会問題化していた児童の労働に対して，自身の工場で子どもたちを工場労働から解放するとともに，性格形成学院とよばれる教育施設を1816年に工場内に設立したのである。そこでは，子どもたちが相互に助け合うことを尊んでいた。さらに彼は労働者の環境改善にも取り組み，労働者同士が助け合う新たな関係づくりの場として協同組合の設立を提唱したのである。工業化社会に生じた問題に対して，新たな人間関係づくりによって対処しようとする動きは，早い段階から行われており，その模索は現在も続けられているといってもよい。

2．男性（父親）の子育て参加と企業風土の問題

　村落のなかで育児が行われていた頃には，地域の人びととの人間関係のなかで子育てが孤立することは少なかった。ところが，都市のなかで職場と家庭を往復し，地域どころか隣の家との交流さえもが希薄化した状況のもとでは，子育ては孤立してしまうことになる。特に性的分業の影響によって，子育てについても女性に委ねられることが多くなっている。

　そのため，父親をはじめとした男性の育児参加の重要性も唱えられるようになってきている。もともと，核家族化によって家庭の成員が，二世代の父母と

その子どもたちというように限られてきているなかで，男性（父親）が分担すべき役割が増すことは当然のこととともいえる。さらに，周囲に支えてくれる人間関係が限られている都市部で，子育てのような多くの大人を必要とする営みの場合には，必然的に男性（父親）が参加しなければならなくなる。

しかし家事の状況について2011（平成23）年度の「社会生活基本調査」（総務省統計局）を見てみると，1週間あたりの家事関連時間は平均2時間10分で，男性は42分，女性は3時間35分と男女の間に依然として大きな差がみられることがわかる。

これは子どもの出産をきっかけに女性が離職したり，労働時間を短くしたりして働き方を変えて，家事・育児を引き受ける一方で，男性が仕事に専念していることを表している。つまり出産と子育てをきっかけに，日本の場合は家庭の性別分業が明確化する傾向にあるのである。

またその背景には，家庭よりも仕事を優先しなければならない風潮や，長時間労働を当たり前のように求める企業・職場環境がある。そのため，男性が家事や子育てに参加したいと思ってもできない状況にあるといえる。母親や父親が働きやすく，子育てしやすい環境について，企業で働く人たち同士で協力して作りだすとともに，経営層も，その企業風土自体を見直していかなければならない。

3．近隣住民による子育て支援活動
(1) 子育てと地域の人的資源

かつて子育てという営みは，世代から世代へと受け継がれていたが，現代の親世代は，子どもや子育てを学んだり経験したりする場どころか，いっしょに遊んだり世話したりする経験さえも限られたなかで，親になっていく。しかも地域の身近な相談相手も少ないため，自ずと育児が孤立してしまうことになる。

このように子育てが危機的な状況にあって，それらをすべて行政による子育

て支援等だけに任せておくことは，支援や相談の容量的に無理がある。それらは，専門的な問題や緊急性の高い場合に利用することとなろう。そのため，まずは地域社会における支え合いを再構築することが喫緊の課題となっているのである。

その場合の人的資源として候補にあがるのは，自らの親と，同じく子育て中の同世代の友人であろう。なかでも同じ地域に住む友人は，日常的な支え合いという点からも重要な存在になるだろう。さらに，遊び場や医療機関，行政からの支援に関する情報について，相互に共有し合える相手ともなる。子どもにとっても，社会性を身につけていくための貴重な遊び相手に出会う機会にもなる。その地域で子育てをする場合の足がかりとなるのが同世代の友人であろう。

(2) 子育てサークル

子育て支援スペースや児童館，あるいは子育てスペースとして開放されている地域の市民センターなどが，都市化した地域内で孤立しがちな親同士が出会う場になりえるだろう。そして，遊びをとおした子どもたち相互のコミュニケーションを介して，親たちの関係性も生まれてくることになる。その具体的な例が，子育てサークルであろう。山野[6]は，子育てサークルに入ることによって親たちは「友だちが増え心強い」と感じ，「支えあえる安心感」があるなどの効果を指摘している。ただし，そこには運営の負担をはじめとしたいくつかの問題も指摘されている。

そのため，従来はインフォーマルな自主的サークルとしてあった子育てサークルを，フォーマルなものとして，行政が支援を行うケースもみられるようになってきた。それによって，活動場所が一定し運営も安定することで，サークル相互の連携や交流にも拡がることが可能にもなる。

(3) 地域をつなげる子どもたち

子育て世代の親同士や子育てサークルは，いずれも子どもの存在によって結ばれた新たな地域内の関係性ともいえる。このことが示すように，実は子ども

自体が家庭と地域を結びつけていくのである。

　地域における人間関係の再構築を，現場レベルから考えるときに，この事実からはじめることは極めて重要なこととなる。そのひとつの例として，富山市にある「このゆびとーまれ」という高齢者のデイサービス施設では，日常的に子どもや障がい児（者）の利用も受け入れており，こうした実践は「共生ケア」[7]とよばれている。

　そこの施設自体が地域の拠点として，赤ちゃんをはじめとした子どもたちが高齢者と一緒に過ごす場をつくり出している。イベントなどを行うのではなく，日常的に一緒に過ごすことで，子どもたちがその場に新しい関係性をもたらすのである。そして，高齢者たちにはその子どもたちの世話をするという新しい労働が生まれているのである。普通であれば，支援をうける高齢者たちが，その場では支援する側にまわることになるのである。まさに，子どもが紡ぎだした新しい人間関係が，その施設実践を特徴づけているのである。

　こうした例は，現在全国各地で生まれつつある。それらに共通するのが，子どもによって地域が結びつけられているということであろう。子育て支援というのは，実は子どもの育ちを支援するというよりも，それによって地域が結びつけられることを支援することともいえるのである。

注

1) 荒又重雄『賃労働論の展開』御茶の水書房，1978年，p. 208
2) 石田好江「アメリカ家族経済学における『生活の社会化』研究」『愛知淑徳短期大学研究紀要』第30号，1991年，p. 41
3) 同上書，p. 42
4) 岩村暢子『変わる家族　変わる食卓』勁草書房，2003年，p. 11
5) 1～6歳までの子どもを対象とした保育施設は，のちに「幼児学校」とよばれた。
6) 山野則子「子育てネットワーク」許斐有ほか編『子どもの権利と社会的子育て』信山社，2002年，pp. 68-86
7) 惣万佳代子「あすの100人を救うより今日の1人を救え」富山民間デイサービス連絡協議会編『富山からはじまった共生ケア』筒井書房，2003年，pp. 10-49

参考文献

岩村暢子『変わる家族　変わる食卓』勁草書房，2003年
許斐有ほか編『子どもの権利と社会的子育て』信山社，2002年
松田茂樹ほか著『揺らぐ子育て基盤』勁草書房，2010年
惣万佳代子『笑顔の大家族　このゆびとーまれ』水書坊，2002年
富山民間デイサービス連絡協議会編『富山からはじまった共生ケア』筒井書房，2003年

第6章 男女共同参画社会とワーク・ライフ・バランス

第1節　男女共同参画社会の実現

1．男女共同参画社会とは

　1999（平成11）年に「男女共同参画社会基本法」（以下「基本法」という）が制定された。男女の平等や女性の地位向上に向けた国際社会の動きに歩調を合わせるかたちで，日本国内においても，あらゆる分野で男女が平等に共同して参画する社会が不可欠であるという認識が政府内で共有され，男女共同参画型社会の形成を目指した推進体制の整備が進められた。その過程で，男女共同参画社会の実現を，国民の合意の下で総合的に推進していく必要があるとして，取り組みの基本となる法律の整備が求められ，制定に至った。

　基本法によれば，男女共同参画社会とは，「男女が，社会の対等な構成員として，自らの意思によって社会のあらゆる分野における活動に参画する機会が確保され，もって男女が均等に政治的，経済的，社会的及び文化的利益を享受することができ，かつ，共に責任を担うべき社会」（第2条1項）と示している。つまり，これから形成しようとする21世紀型社会は，男女が互いの人権を尊重し，性別にとらわれることなく，自らの意思や意欲によって，職場や家庭，地域社会などのあらゆる場における多様な活動に参画することが可能で，その人がもつ個性や能力を，それぞれの夢や希望の実現のために最大限に発揮

することのできる社会である。

　日本では明治期につくられた性別役割分担の慣習と,「(旧)民法」による「家」制度の影響で,男女平等と女性の社会進出を妨げるような考え方があった。このような考え方は,それが理想的な家庭や男女のあり方として,社会にも,そして個人にも,固定観念化され定着していった。そのため,日本の家庭では長らく母親中心の子育てがなされてきた。家庭における養育機能の低下や教育問題,過保護・過干渉,家庭内暴力,育児ノイローゼ,児童虐待など,どれも子育ての問題は母親と関連づけて語られることが多かった。家庭において「父親不在」といわれる状態が日本の社会では長く続いた。

　しかし,時代は変わろうとしている。女性の社会進出が一般化し,もはや「男社会」ではなくなった。さらに,少子高齢化や経済不況など日本社会がおかれている現状は厳しく,人口の半分を占める女性の活躍なしに,明るい未来を築くことはできない。いかに女性の仕事と家庭の両立を支え,また,男性の家事や育児への参加を促すかは,個人の自己実現だけの問題ではなく,今後の社会の発展にまでつながる大きな課題である。

2．男女共同参画社会の実現に向けた取り組み

　男女共同参画社会の実現を目指すため,基本法では国・地方公共団体および国民の役割が規定されており,それぞれに責務を果たすことが求められている。また,国・地方公共団体においては「男女共同参画基本計画」を策定し,中長期的な見通しをもって計画的に取り組むことも定められている。

　国は,2000（平成12）年に男女共同参画社会の実現に向けた取り組みの基本計画を策定した。その後,2005（平成17）年に第2次の計画を,2010（平成22）年に第3次となる計画を順次策定し,現在は,第3次計画の最終年である2014（平成26）年を経て,これまでの取り組みの検証と第4次計画に向けての素案づくりを行っている。

　直近にあたる第3次計画では,15分野にわたる重点施策に対し,それぞれ

に成果目標を掲げ施策を展開した。この15分野のなかで，子育て支援と大きく関連する「仕事と生活の調和」は，固定化された性別役割分担を前提とする社会制度や社会構造の変革を目指すもので，男女共同参画社会の推進において，特に中心となる分野であった。

第2節　仕事と生活の調和（ワーク・ライフ・バランス）

1．ワーク・ライフ・バランスの必要性

　平成に入り，好景気をもたらしたバブル経済は崩壊し，その後景気は回復することなく"失われた20年"といわれた時代であった。この間の，社会経済の衰退は人びとの生活や生き方を大きく変えた。企業の倒産，リストラ，就職氷河期，年間3万人を超える自殺者，非正規採用の増加，派遣切り，ネットカフェ難民，長時間労働とその末の過労死，給与・賞与のカット，ブラック企業など，この時代は本当にネガティブな言葉が尽きなかった。

　そのような時代にあって，「豊かさとは何か」「幸せとは何か」を考え，求めることはむずかしかった。しかし，人は本来，豊かさや幸福を求めて生きるものであり，そう生きられる社会にしていかなければならない。安定した仕事に就けず，経済的に自立することができない，また，仕事に追われ，心身の疲労から健康を害したり，結婚や子育て，老親の介護ができない社会は，不幸な社会である。

　人は誰でも，安定した生活の上で，自分らしく生きられることに喜びや幸せを感じる。仕事は，それを可能とするものである。ところが，それが叶わない社会の現状にある。

　現在の日本社会においては，仕事と生活が両立しにくい状況にあるため，これを改善していかなければならないところに，ワーク・ライフ・バランスが求められた。

2．ワーク・ライフ・バランス憲章と行動指針

　2007（平成19）年12月に「仕事と生活の調和（ワーク・ライフ・バランス）憲章」（以下「憲章」という）と「仕事と生活の調和推進のための行動指針」（以下「行動指針」という）が策定された。憲章では，仕事と生活の調和が実現した社会を，「国民一人ひとりがやりがいや充実感を感じながら働き，仕事上の責任を果たすとともに，家庭や地域生活などにおいても，子育て期，中高年期といった人生の各段階に応じて多様な生き方が選択・実現できる社会」としている。ワーク・ライフ・バランスが目指す社会は，男女共同参画社会が目指す社会のあり様とも一致する。

　いかにして，男女共同参画社会をワーク・ライフ・バランスによって実現するかは，行動指針によって具体的に示されているが，国や地方公共団体の行政主導ではなく，企業や働く者といった労使と国民が積極的に参画し，官民一体となって取り組んでいくことが強調されている。

3．ワーク・ライフ・バランスに向けた主な取り組み

　ワーク・ライフ・バランスを実現するためには，まず何よりも性別役割分担や「男社会」の考え方に対する意識の変革を進めることが不可欠である。それは，社会全体や個人，企業やそこで働く者，男女の間で，これまでの固定化された観念を改めることからスタートする。特に企業では，経営トップがリーダーシップを発揮し，職場風土の改革に率先して取り組むことが求められるため，内閣府は企業の経営者や管理職を対象としたセミナーを開催するなど意識改革に取り組んでいる。また，「仕事と生活の調和ポータルサイト」や「カエル！ジャパン」キャンペーンを立ち上げ啓発活動を行っている。

　最近では，積極的に子育てを行う男性を指す「イクメン」という言葉が流行したが，一過性のものではなく定着してきたように思われる。男性も職場以外での自己実現の場が設けられるように，働き方の見直しが求められている。特に，子どものいる世帯の男性は，母親と協力して子育てに取り組むことが，男

女共同参画社会が目指す社会の実現でもあり，男性のなかにも，子育てに参画したいと思っている人の割合は少なくない。しかし，依然として男性は長時間労働の下にあり，参画できる状況にはない。行動指針では，長時間労働の見直しを図るため，週60時間以上就業する労働者の割合を現在の状態から半減させるほか，男性の育児休業の取得率を平成24年度の1.89％（女性は83.6％）から，13％に引き上げるよう平成32年度までの目標を設定している。併せて，年次有給休暇の取得率をあげることも盛り込んでいる。

一方で，共働き家庭を支える子育て支援体制はハードとソフトの両面で，充実してきているといえるだろう。それは，これまでに進められてきた種々の少子化対策の施策にも，「仕事と生活の調和」を目指す視点が盛り込まれ，推進されてきたことによる。まだ首都圏を中心に待機児童の問題は残されているものの，保育所は着実に量的拡大を遂げ，また，2012（平成24）年に制定された「子ども・子育て関連3法」では，新たに「認定こども園」が位置付けられ，共働き家庭の子どもを受け入れる体制は拡大してきている。加えて，延長保育や休日保育，早朝・夜間保育，病児・病後児保育など多様な保育サービスの提供も広がっており，地域子育て支援センターやファミリー・サポート・センターも整備されてきている。

現在，勤労者世帯の過半数が共働き家庭であり，今後も増えてくることを考えると，子育て支援の充実は欠かせない。ワーク・ライフ・バランスの実現にとって，保育の果たす役割は非常に大きいといえる。

4．地方公共団体の取り組み

ワーク・ライフ・バランスを推進するにあたり，地方公共団体が果たす役割も欠かせない。憲章でも，「仕事と生活の調和の現状や必要性は地域によって異なることから，その推進に際しては，地方公共団体が自らの創意工夫のもと，地域の実情に応じた展開を図る」とされている通り，地方公共団体の地域に根差した取り組みに期待を寄せている。

現在，地方公共団体では，男女共同参画社会づくりに顕著な功績のあった個人や団体，企業などを表彰したり，講座やセミナー，シンポジウム，イベントなどの開催，ホームページやパンフレットなどを活用した情報提供の実施など，啓発活動に対する取り組みを活発に行っている。また，企業や団体に対し，ワーク・ライフ・バランスに関する相談窓口の設置や研修への講師派遣などの専門的アドバイスや，奨励金・助成金制度などを定めた経済的な支援を実施しているところが多い。

今後の課題としては，企業や個人，関係団体との連携を図り，組織的な取り組みを地域のなかで形成し，その地域に合った創意工夫のもとで，推進していくことが求められる。

第3節　新たな取り組みの推進

1．「すべての女性が輝く社会」づくり

安倍内閣が推進する経済政策「アベノミクス」では，成長戦略の鍵を握る重要テーマに「人材の活躍強化」を掲げ，女性の輝く社会をつくることを最重要課題に位置付けている。そのため，2014（平成26）年10月に安倍総理を本部長とする「すべての女性が輝く社会づくり本部」が内閣に設置され，今後，早急に実施すべき施策を取りまとめた「すべての女性が輝く政策パッケージ」が決定された。政策パッケージによると，「すべての女性が輝く社会」とは，「各々の希望に応じ，女性が，職場においても，家庭や地域においても，個性と能力を十分に発揮し，輝くことのできる社会」であるとしている。これは，男女共同参画社会やワーク・ライフ・バランスが目指してきた社会でもあるが，女性の視点から見た課題がまだ残されているとして，女性の暮らしの質を高めるための新たな施策項目が設定された。その項目は，①安心して妊娠・出産・子育て・介護をしたい，②職場で活躍したい，③地域で活躍したい，起業したい，④健康で安定した生活をしたい，⑤安全・安心な暮らしをした

い，⑥人や情報とつながりたいの6つである。

　少子化による人口減少は労働人口の減少を招き，日本経済に悪影響を及ぼすことが懸念されている。そのため，国は少子化問題を深刻な社会問題として捉え，これまで種々の施策を展開してきたが，有効な打開策を見いだせないでいる。そこで，減少していく労働人口を維持するため，これまで専業主婦などで潜伏していた女性の社会進出を促し，打開の一手としていこうとしている。しかしそれは，単に減少する労働力を補うためではなく，女性の活躍を通じた新たな価値の創造が，グローバル化していく国際社会のなかで，より日本の存在感を高めていく原動力につながっていくものと期待を寄せていることにもよる。

　今後，取り組んでいく「すべての女性が輝く社会」が，男女共同参画社会の実現を後押しするものとなるよう期待したい。

2．「子ども・子育て支援新制度」のスタート

　2015（平成27）年4月より，「子ども・子育て関連3法」に基づく新制度が，「子ども・子育て支援新制度」としてスタートした。この新制度は，消費税率の引き上げによる増収分のうち約7,000億円を活用して，「量」と「質」の両面からより効果的な子ども・子育て支援を推進するために設けられた。先に述べた，「すべての女性が輝く社会」づくりを推進していくにあたり，女性が社会進出しやすい環境を整えるためには，子育て支援体制の充実が不可欠である。

　新制度の実施主体は市町村となっていることから，市町村は子育て家庭の状況や保育などの需要を調査・把握した上で，「市町村子ども・子育て支援事業計画（5か年計画）」を策定し計画的な整備にあたる。したがって，地域の実情から現在不足している，あるいは今後需要が見込まれる幼児教育・保育・子育て支援の「量的拡充」を地域の裁量によって図ることができるようになり，より仕事と子育てを両立しやすい環境を創出することにつながる。

また，提供される幼児教育・保育・子育て支援サービスの「質」については，これまであまり目立った取り組みがなされてこなかった。この点に対し，新制度では幼稚園・保育所・認定こども園などで働く職員の処遇改善を図り，職員の定着と質の高い人材の確保に取り組むことや，３歳児の職員の配置基準を現行の 20：1 から 15：1 へと改善し，職員の負担を軽減するなど「質の向上」に関する内容も示されている。

　新制度によって，「量」のみならず「質」も確保されれば，安心して子どもを預けることができるようになり，ワーク・ライフ・バランスの実現にもつながっていく。

参考文献
田和真希『女性のためのライフプランニング』大学教育出版，2012 年
内閣府『男女共同参画白書　平成 26 年版』ウィザップ，2014 年
林邦雄・谷田貝公昭監修『家庭支援論』一藝社，2013 年
溝口元・寺田清美編著『家庭支援論』アイ・ケイ コーポレーション，2011 年

第7章 子育て家庭の福祉を図るための社会資源

第1節 子ども家庭福祉と社会資源

1. 社会資源を必要とする子育て家庭の現状

　近年の子育て家庭は，家族構成員の減少，育児文化の未継承等により，その養育機能が低下してきている。また，身近に子育ての協力者がいない環境のなかで，地域からも孤立し，育児への不安をつのらせる家庭も少なくない。さらに，母親一人が親の役割の大部分を担う傾向があり，負担感を高める要因にもなっている。現代の子育ての悩みは，子どもの発達やしつけにとどまらず，家族の協力関係・子育て費用等の経済的な問題など多岐にわたり，多様で複雑なものになっている。このような育児へのストレスの継続は，虐待等の不適切な養育を招いてしまう場合もあり，子育て家庭の不安や負担感を和らげる支援の充実は，喫緊の課題ともいえるのである。

　子育てには，家族内で協力し合ったり，親族・知人に悩みを相談して助言を得たり，あるいは，託児を依頼したりできるような支援が必要である。このような身近な人による支援が，「インフォーマルな資源」である。『平成19年版国民生活白書』[1]によれば，子育てを担う親が協力や支援を必要とする時，頼れる存在として，自分の親（78.0％）と回答した人の割合がきわめて高く，続いて配偶者の親（38.1％），公的な子育て支援サービス（26.6％），兄弟姉妹（23.0

%），友人（19.3%），近所の知人（14.7%）となっており，「インフォーマルな資源」への期待の大きさがわかる。

　しかし，自分の親族に子育ての悩みを聞いてもらうことはできても，その親族が遠方に住んでいて身近に頼れる人がいない場合は，子どもの世話などのサポートが必要であっても，これをうけることができない。親族や友人，地域との人間関係が希薄化している昨今，このような支援の不足は，子育て家庭が抱える問題を深刻化させることにもなりかねない。つまり，「インフォーマルな資源」が不足している現状では，公的な支援を提供する「フォーマルな資源」が不可欠となるのである。この両者が子育て家庭の「社会資源」であり，その充実は，子育て家庭が抱える問題の深刻化を防ぐだけではなく，問題発生の予防にもなるのである。

2．「子ども家庭福祉」の理念

　1997（平成9）年の「児童福祉法」改正では，伝統的な「児童福祉（ウェルフェア）」から「子ども家庭福祉（ウェルビーイング）」への理念転換が行われた[2]。従来の児童福祉は，要保護児童や母子家庭といった特定のニーズをもつケースへの対応を中心とし，児童保護を目的として行われてきた。そのため，救貧的，恩恵的色彩をもった最低生活保障としての事後的・補完的な児童福祉ともいえるものであった。

　一方，子ども家庭福祉では，すべての子どもの最善の利益を目的とし，子どもの生活の基盤である家庭や地域社会を視野に据えた対応が必要とされるようになった。人権の尊重や自己実現の促進，生活の質の向上が強調され，問題発生後の事後対応的な支援だけではなく，予防・啓発的な支援に重点が置かれるようになってきたのである。

　さらに，子育て問題の発生原因を個人の責任に転嫁するのではなく，これを社会の問題として捉えていくことが大切となる。すなわち，子育て家庭の不安や悩みに関して，母親の努力や家族に協力を求めるだけでは本質的な解決に導

くことがむずかしく，その問題が表出した社会的背景に視点を向けることが重要となるのである。

第2節　子育て家庭を支える社会資源

1．社会資源の概要

　社会資源の活用は，子育て家庭が抱える問題の解決や緩和，負担感や不安感を解消させるだけでなく，問題発生の予防的な役割も果たすことになる。

　社会資源には，前述の通り，家族や友人による「インフォーマルな資源」と公的機関や公共団体による「フォーマルな資源」とがある。またNPO法人の支援団体や当事者団体なども存在している[3]。

　これらの社会資源が担っているサポートの内容としては，子育て家庭の不安等を和らげる情緒的サポート，子育てを補完・代替する道具的サポート，子育てに関する知識等の情報を提供する情報的サポート，経済的なサポートなどがある[4]。また，機関や施設・団体によって，その目的や機能も異なるため，それぞれの社会資源が果たす役割について，次のように整理してみたい。

(1)　インフォーマルな社会資源

　「インフォーマルな資源」として，子育て家庭の親族，友人，地域住民等があげられる。身近な存在であるからこそ，専門家には聞きにくい，より日常的な悩みの相談ができ，ストレスの緩和にもなる。このような情緒的サポートのみならず，親族などによる保育所の送迎は，道具的サポートにもなる。しかし，話を聞いてくれない，協力が得られない等，「インフォーマルな資源」が機能しない場合は，ストレスを増大させる要因にもなりかねない。

(2)　NPO法人，地域の組織団体，当事者団体

　NPO法人のチャイルドケアセンターでは，ベビーシッターサービスや家事援助，病後児預かり等のサポート（有償）を実施している。

　地域の活動としては，未就園児をもつ子育て家庭を対象にした親子参加型の

プログラム（体操・造形制作）や子育てサークル活動などが開催されていることが多い。育児不安を抱えた親にとって，このようなサークル活動が不安の解消につながったという報告も少なくない[5]。また，障がいを抱えた子どもをもつ家庭，ひとり親家庭等が参加している団体やサークルにおいては，保護者同士の情報交換，当事者しか理解できないようなさまざまな悩みや思いを共有し合える場にもなりえる。このような親子での交流の場への参加は，在宅で子育てを行う家庭の孤立化を防ぐことにもつながる。

(3) フォーマルな社会資源

次にあげるような専門機関には，専門職スタッフが配置されており，その専門性をいかした高度な支援が期待できる。子育て家庭が抱える問題には複合的なものも多く，各専門機関には，社会資源としての連携的・協働的支援が求められる。

その業務内容は，問題の発見から解決，予防（発生・進行・再発）に至るまで広範にわたる。また，支援が必要であるにもかかわらず支援を希望しない（または必要と感じていない）家庭を社会資源とつなげていくことは子育て家庭福祉において重要な課題となる。

1） 保育所・幼稚園

保育所や幼稚園は，地域の子育て支援の拠点である。

子育て家庭にとって身近な保育・教育の専門機関であり，育児相談，情報提供（育児・社会資源に関する情報等）を積極的に行っていく必要がある。また，育児文化の未継承，子どもと関わる経験のないまま親になる保護者へ養育モデルを示す場にもなる。

① 在園児の子育て家庭への支援

保育所・幼稚園は，子育て家庭にとって子どもの成長の喜びや悩みを共有できる重要な社会資源となっている。保育者は保護者の話を傾聴，受容するだけでなく，具体的な助言や適切な情報提供を行う。

近年，父親の育児参加を促す「親父の会」の設立や，従来の「保育参観」を

「保育参加」として，保護者に「保育活動への参加」を促す取り組みも増え，保護者との連携・協働が進んでいる。

また，虐待等の不適切な関わりがある保護者に対しては，子どもと保護者の双方に継続的な支援が行われている。この過程のなかで，保護者は子どもの成長に喜びを感じられるようになり，子育てに楽しさを見出したり自信をつけたりしていく。さらに，保育者は虐待の早期発見の役割を担っており，児童相談所や関係機関との連携も必要となる。

② 地域の子育て家庭への支援

未就園児の親子を対象とした園庭開放や遊びの場の提供等がなされている。ここは，子育て中の親子や同年齢・異年齢の子ども同士が交流できる場となっており，このような場所での親子の出会いは，インフォーマルな資源の構築にもなりえる。

在宅で子育てをしている母親の不安因子として，育児への負担感（自己実現との葛藤等），不安・抑うつ感などが明らかにされており[6]，保育者は的確な情緒的，情報的サポートを行う必要がある。

近年，「一時預かり」などの「一時保育」も始まっているが，これは，子育て家庭のニーズ（ストレス緩和，リフレッシュ，自己実現等）に対応した支援であり，今後もその充実が期待されている。

2）ファミリーサポート

乳幼児や小学校の児童を抱えた子育て家庭が会員となり，育児・託児の「援助を求める人」と，「援助をしたい人」が相互に助け合う有償ボランティア組織である。保育所の送迎や緊急時，休日，早朝夜間の預かり保育等のサポートが主な活動内容となっている。

3）児童相談所

(都道府県及び政令指定都市及び一部の中核都市に設置)

近年の児童虐待相談件数の急増に伴い，2004（平成16）年に「児童福祉法」が改正され，児童相談所は，緊急性の高い，高度な専門性を要する困難事例を

対象とした相談や緊急対応を担うこととなった。問題が深刻化した場合が多く，予防よりも問題の解決を目的としている。

4）子ども家庭支援センター

育児不安，発達や障がいに関する悩みや親子関係の問題等，身近な子育て相談のニーズが増大してきている。そのため，市町村の役割として，児童相談所と協力・連携し，個々の子どもや家庭へのきめ細やかな対応が求められている。

虐待を阻止し，進行を予防するための初期対応・早期発見が重要となり，子育て家庭のあらゆる問題の総合相談窓口（面接・電話・訪問）として機能している。要支援家庭サポート事業では，養育支援が必要であると判断された家庭に対し，保健師・助産師・保育士等が家庭訪問し，養育に関する指導や助言を行っている。

5）教育サポートセンター

0歳児から15歳児までの子どもとその保護者を対象としたサポートセンターである。子どもの発達や特別な支援を要する子どもの相談業務，いじめ，不登校，非行の問題解消や予防を図るための取り組みを行っている。教育，心理，福祉の専門家がおり，発達検査やカウンセリング等の支援を行う。相談形態は来所，電話，訪問等，多様である。

6）福祉事務所

その管轄する地域住民の福祉（医療，福祉，介護，子育て）を図る社会福祉行政機関である。都道府県の事務所は，福祉三法（生活保護法，児童福祉法，母子及び父子並びに寡婦福祉法），市の福祉事務所は，福祉六法（上記，福祉三法に加え，老人福祉法，身体障害者福祉法及び知的障害者福祉法）を所管している。そのため，都道府県と市の福祉事務所の業務内容は，一部異なる。

子ども及び妊産婦の福祉に関しては，生活状況等の実態を把握し，相談支援や生活指導を行う。また，必要に応じて母子生活支援施設での保護や要保護児童の児童養護施設への措置をとっている。

また，福祉事務所内には，子どもや家族の問題，子育ての不安や悩みなどを気軽に相談できる身近な相談援助を行う「家庭児童相談室」が設置されている。

7）保健所・市町村保健センター

　保健所は，総合的な保健衛生の行政機関である。児童福祉における業務内容は，子どもの保健や予防に関する知識の普及や健康相談，健康診査，保健指導，療育指導，児童福祉施設に対する衛生・栄養の改善に関する助言，母子保健活動を広域的に行っている。

　市町村保健センターは，地域住民を対象とした身近な保健サービスを担う。親子が自由に集い，過ごすことができる子育て交流サロンや公民館での巡回健康相談・育児相談，離乳食教室の開催などを実施している。

　両機関は，母子保健活動や医療機関とも連携し，虐待の発生防止に向け取り組んでいる。保健師，助産師が，養育支援を必要とする家庭を訪問し，母子の養育環境の把握，相談業務等，在宅での養育支援を行う。

2．子ども家庭福祉の専門職

(1) 児童委員（民生委員），主任児童委員

　地域のボランティアとして，住民の立場に立ち，住民との信頼関係を築きながら，子どもや子育て家庭への支援活動を行っている。児童の健全育成の確保を図るため，学校や地域・行政機関と連携し，乳幼児健康診査や就学説明会などを利用し子育て家庭へのアプローチをしている。

(2) 利用者支援専門員

　子育て家庭が円滑に社会資源を利用できるように，子育て家庭の身近な場所で，個々のニーズの把握や相談対応，情報提供を行う。

　また，地域と連携し，当該地域の課題を発見し，必要な社会資源の開発に取り組んでいる。

第3節　子ども家庭福祉を図る専門職の役割

　日本の子育ては，徹底した子ども中心主義に偏る傾向があり，親の疲弊している様子が窺える。子育ては，随所に喜びや満足，楽しみを伴いながら，しかし，悩みや不満，イラ立ちから逃れることができない両義的な行為である[7]。つまり，親が子どもや子育てに対して抱く感情には，肯定的な側面（充実感・幸福感等）と否定的な側面（イライラ・制約感）が併存している。そのため，子育ての肯定的な側面のみを強調してしまうと，子育て家庭を追い詰めてしまうことにもなる。したがって，支援者は，指導的な立場で子育て家庭を導くのではなく，まず，子育て家庭の抱える悩みやニーズに真摯に耳を傾けることが大切である。

　冒頭に述べたとおり，子育て家庭を取り巻く人間関係が希薄化し，誰からも褒められず，認められない育児と指摘される今日，このような子育て家庭の親は，ますます，孤立し疲弊している。だからこそ，問題が深刻化する前に，子育て家庭と社会資源とをつなげることが求められるのである。社会資源の活用を通じて，保護者の安心感が育まれ，共に支えあう関係の構築にもつながっていくであろう。

注

1) 内閣府『平成19年版　国民生活白書』2007年，p.13
2) 髙橋重宏・山縣文治・才村純編『子ども家庭福祉とソーシャルワーク』有斐閣，2007年，pp.6-8
3) 山野則子・武田信子『子ども家庭福祉の世界』有斐閣アルマ，2015年，p.24
4) 松村和子・澤江幸則・神谷哲司編『保育の場で出会う　家庭支援論　家族の発達に目を向けて』建帛社，2010年，p.61
5) 原田正文『子育ての変貌と次世代育成―兵庫レポートにみる子育て現場と子ども虐待予防』名古屋大学出版会，2006年，p.191
6) 八重樫牧子・小河孝則「母親の子育て不安感と就労形態との関連性に関する研究」『川崎医療福祉学会誌』Vol.12 No.2，2002年，p.229
7) 鯨岡俊「子育て支援をめぐるいくつかの視点」『発達』No.72 Vol.18，1997

年, p.2

参考文献

大野城市教育委員会「大野城市教育サポートセンター設置要綱」2014年
小野澤昇ほか編『子どもの生活を支える家庭支援論』ミネルヴァ書房, 2013年
厚生労働省『市町村児童家庭相談援助指針』2005年
品田知美『〈子育て法〉革命——親の主体性をとりもどす』中公新書, 2004年
山縣文治『よくわかる子ども家庭福祉』ミネルヴァ書房, 2014年
山野則子「育児負担感と不適切な養育の関連に関する構造分析」『平成16年度厚生科学研究報告書』2005年

第8章 子育て支援施策・次世代育成支援施策の推進

　内閣府によれば，日本の年間の出生数は，第1次ベビーブーム期には約270万人，第2次ベビーブーム期には約200万人であったが，1975（昭和50）年に200万人を割り込み，それ以降，毎年減少し続けている。1984（昭和59）年には150万人を割り込み，1991（平成3）年以降は増加と減少を繰り返しながら，緩やかな減少傾向が続いている。

　少子化の進行は，たとえば子ども同士のふれあいの減少等により自主性や社会性が育ちにくいといった影響などが懸念されている。そのため，子ども自身が健やかに育っていける社会，子育てに喜びや楽しみをもち安心して子どもを生み育てることができる社会を形成していく必要性に鑑みて，国は子育て支援施策に関する法制度を構築しつつある。本章では，近年の日本における子育て支援施策を時系列的にまとめ，その概要について紹介していく。

第1節　少子化対策

1．「今後の子育て支援のための施策の基本的方向について」（エンゼルプラン）

　1994（平成6）年12月，文部，厚生，労働，建設の4大臣の合意の下で，今後10年間に取り組むべき基本的方向と重点施策を定めた「今後の子育て支援

のための施策の基本的方向について」,いわゆる「エンゼルプラン」が策定された。エンゼルプランとは,「子育て支援のための総合計画」の通称であり,同プランを起点として日本の子育て支援施策は展開されていく。

施策の趣旨は,子育て支援を企業や地域社会を含め社会全体として取り組むべき課題と位置付けるとともに,今後概ね10年間を目途として取り組むべき施策について総合的・計画的に推進することである。同プランでは,① 安心して子どもを生み育てることができるような環境を整えること,② 国,地方公共団体,地域,企業,学校,社会教育施設,児童福祉施設,医療機関などが協力していくシステムを構築すること,③ 子育て支援のための施策については子どもの利益が最大限尊重されるよう配慮すること,の3つの方針を掲げた。そして,これらの指針で示された内容を具現化し実施するため,「緊急保育対策等5か年事業」(大蔵,厚生,自治の3大臣合意) も策定され,1999 (平成11) 年度を目標年次として,整備が進められた。

2.「重点的に推進すべき少子化対策の具体的実施計画について」(新エンゼルプラン)

1999 (平成11) 年12月,少子化対策推進関係閣僚会議において「少子化対策推進基本方針」が決定され,同方針に基づく重点施策の具体的実施計画として,「重点的に推進すべき少子化対策の具体的実施計画について」,いわゆる「新エンゼルプラン」が策定された。

少子化対策については,これまで,「今後の子育て支援のための施策の基本的方向について」(1994年12月文部・厚生・労働・建設4大臣合意) 及びその施策の具体化の一環としての「当面の緊急保育対策等を推進するための基本的考え方」(1994年12月大蔵・厚生・自治3大臣合意) 等に基づき,その推進が図られてきたが,「少子化対策推進関係閣僚会議」で決定された「少子化対策推進基本方針」を受けて,重点的に実施すべき対策の具体的実施計画を取りまとめることとされたため,同プランを策定したのである。

同プランは，エンゼルプラン及び緊急保育対策等５か年事業を見直したものであり，① 保育サービス等子育て支援サービスの充実，② 仕事と子育ての両立のための雇用環境の整備，③ 働き方についての固定的な性別役割分業や職場優先の企業風土の是正，④ 母子保健医療体制の整備，⑤ 地域で子どもを育てる教育環境の整備，⑥ 子どもたちがのびのび育つ教育環境の実現，⑦ 教育に伴う経済的負担の軽減，⑧ 住まいづくりやまちづくりによる子育ての支援，の８つについて重点的に取り組むことを目標とした。

1994年度時点において，保育所入所児童数は約159万人であったが，２期のエンゼルプランにより197万人（約38万人増加），低年齢児は41万人から62万人（約21万人増加），延長保育実践保育所は2,230カ所であったが，１万3,086カ所（１万856カ所増加）等，完全ではないが徐々に効果があらわれていることが看取できる[1]。

3．「仕事と子育ての両立支援等の方針」（待機児童ゼロ作戦等）

エンゼルプラン及び新エンゼルプランの流れを受けて，2001（平成13）年7月，社会問題化される待機児童について，国としての方針「仕事と子育ての両立支援等の方針」（待機児童ゼロ作戦等）が出された。

同指針は① 待機児童の解消，② 保育の拡充，③ 公共施設の弾力的活用，の３点を基本方針として掲げた。待機児童の解消のためには，潜在的な需要を含め，達成数値目標及び期限を定めて実現を図るとして，待機児童の多い地域の保育施設を重点整備していくことが示された。保育の拡充は，公立及び社会福祉法人立を基盤としつつ，さらに，民間活力を導入し公設民営型など多様化を図ること，そして自治体等の適正な基準を満たした施設の設置は迅速に行うとされた。公共施設の弾力的活用は，主に学校の空き教室など利用可能な公共施設は保育のために弾力的に活用する他，駅など便利な拠点施設を保育に活用するための支援や助成を行うことが指針により示されたのである。

具体的目標としては，「保育所」，「保育ママ」，自治体におけるさまざまな単

独施策，幼稚園における預かり保育等を活用し，潜在を含めた待機児童を解消するため，待機児童の多い地域を中心に，2002（平成14）年度中に5万人，さらに2004（平成16）年度までに10万人，計15万人の受け入れ児童数の増大を図ることとされた。

4．少子化対策プラスワン

エンゼルプランと新エンゼルプランなどは，主に保育関連事業を中心に新たな提案がなされ，実施されてきた。

保育所入所児童数や延長保育実施保育所数などは，従前よりも増加している。しかし，少子化問題の抜本的解決には至っておらず，厚生労働省は，これまでの少子化対策の課題等を改めて点検し，厚生労働省の枠を超えた幅広い分野について検討し，従来の取り組みに加え，もう一段の少子化対策を講じていく必要があるという観点から，2002年9月に少子化対策プラスワンを策定した。子育てをする家庭の視点から見た場合，より全体として均衡のとれた取り組みを着実に進めていくことが必要であるとされたのである。

同施策においては，①男性を含めた働き方の見直し，②地域における子育て支援，③社会保障における次世代支援，④子どもの社会性の向上や自立の促進，という4つの柱に沿って，社会全体が一体となって総合的な取り組みを進めることとした。

以降，少子化対策に関する施策は，「少子化社会対策大綱に基づく重点施策の具体的実施計画について」（子ども・子育て応援プラン）などに形を変えて実施されていくこととなる。

第2節　少子化社会に対する法規定

急速な少子化の進行に鑑みて，2000年代以降，少子化問題を視野に入れた

第8章　子育て支援施策・次世代育成支援施策の推進　71

法整備がなされていくこととなる。まず制定されたものが「次世代育成支援対策推進法」である。同法は次世代育成支援対策について、基本理念を定めるとともに、国による行動計画策定指針並びに地方公共団体及び事業主による行動計画の策定等の次世代育成支援対策を迅速かつ重点的に推進するために必要な措置を講ずることを目的として、2003（平成15）年7月16日に制定された。

1．「次世代育成支援対策推進法」

　次世代育成支援対策は、2005（平成17）年4月から2015（平成27）年3月までの10年間の時限立法として、2003（平成15）年7月16日に施行された。同法第2条では「次代の社会を担う子どもを育成し、又は育成しようとする家庭に対する支援その他の次代の社会を担う子どもが健やかに生まれ、かつ、育成される環境の整備のための国若しくは地方公共団体が講ずる施策又は事業主が行う雇用環境の整備その他の取組」と定義が述べられている。これは国や地方自治体などに対して、子どもの育成をはじめ、その家庭に対して支援するため

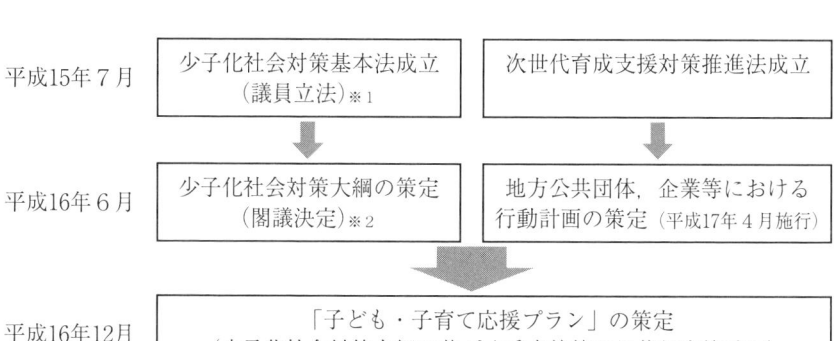

平成15年7月	少子化社会対策基本法成立（議員立法）※1	次世代育成支援対策推進法成立
平成16年6月	少子化社会対策大綱の策定（閣議決定）※2	地方公共団体、企業等における行動計画の策定（平成17年4月施行）
平成16年12月	「子ども・子育て応援プラン」の策定（少子化社会対策大綱に基づく重点施策の具体的実施計画）	

※1）議員立法：議員によって法律案が発議され、成立した法律
※2）閣議決定：内閣が政府予算案や法案、法律に基づく重要政策を決定する際、全閣僚が文書に署名して内閣全体の意思を示す手続き

図8―1　次世代育成支援対策の展開

出所）厚生労働省作成パンフレット「子ども・子育て応援プラン（2 今般の次世代育成支援対策の展開）」p.8（http://www.mhlw.go.jp/bunya/kodomo/jisedai22/pdf/data.pdf、2015年7月30日閲覧）をもとに筆者作成

の環境整備の必要性を謳うものである。

そして，2014（平成26）年4月23日，これまでの「次世代育成支援対策推進法」が一部改正された。法律の有効期限が2025（平成37）年3月31日まで10年間延長されたことにより，引きつづき，「次世代育成支援対策推進法」に基づき，労働者の仕事と子育ての両立のための一般事業主行動計画を策定することとなった。

2．「少子化社会対策基本法」

2003年9月1日，少子化に対処するための施策を総合的に推進し，国民が豊かで安心して暮らすことのできる社会の実現に寄与することなどを規定した「少子化社会対策基本法」が施行された。少子化の進展に歯止めをかけることが求められていることから，少子化社会において講ぜられる施策の基本理念を明らかにし，少子化に的確に対処するための施策を総合的に推進することを目的とするものである。施策としては，雇用環境の整備，保育サービス等の充実，地域社会における子育て支援体制の整備，母子保健医療体制の充実等，ゆとりのある教育の推進等，生活環境の整備，経済的負担の軽減，教育及び啓発の基本的方向を規定することがあげられる。その責務の所在も，国，地方公共団体，事業主と規定して，それぞれの役割について規定した。

その後，同法に策定が義務づけられている「少子化社会対策大綱」が定められ，盛り込まれた施策の効果的な推進を図るべく「少子化社会対策大綱の具体的実施計画（子ども・子育て応援プラン）」が決定されることとなる。

3．「少子化社会対策大綱」

「少子化社会対策基本法」に基づいて，総合的かつ長期的な少子化に対処するための指針として「少子化社会対策大綱」を2004年6月4日に策定した。大綱は，子どもが健康に育つ社会，子どもを生み，育てることに喜びを感じることのできる社会への転換を喫緊の課題とし，少子化の流れを変えるための施

第 8 章　子育て支援施策・次世代育成支援施策の推進

表8-1　少子化社会対策大綱

3つの視点	①自立への希望と力	・若者の社会的な自立の支援 ・子どもが自然や人とふれあいたくましく育つことの大切さ
	②不安と障壁の除去	・結婚・出産をためらわせる障壁や子育ての不安・負担を除去・軽減 ・働き方の見直しが喫緊の課題
	③子育ての新たな支え合いと連帯	・生命を次代に伝えはぐくんでいくことや家庭を築くことの大切さの理解を深めていく。子育て・親育て支援社会をつくり、地域や社会全体で変えていく。
4つの重点課題と28の具体的行動	①若者の自立とたくましい子どもの育ち	・就業困難を解消するための取り組み、豊かな体験活動の機会の提供 （1）若者の就労支援に取り組む （2）奨学金の充実を図る （3）体験を通じ豊かな人間性を育成する （4）子どもの学びを支援する
	②仕事と家庭の両立支援と働き方の見直し	・企業の行動計画策定・目標達成の取り組み ・勤務時間の短縮等の措置、再就職支援 （5）企業等におけるもう一段の取り組みを推進する （6）育児休業制度等についての取り組みを推進する （7）男性の子育て参加促進のための父親プログラム等を普及する （8）労働時間の短縮等仕事と生活の調和のとれた働き方の実現に向けた環境整備を図る （9）妊娠・出産しても安心して働き続けられる職場環境の整備を進める （10）再就職等を促進する
	③生命の大切さ、家庭の役割等についての理解	・生命の尊さを実感し、社会とのかかわりなどを大切にすることへの理解を深める （11）乳幼児とふれあう機会の充実等を図る （12）生命の大切さ、家庭の役割等についての理解を進める （13）安心して子どもを生み、育てることができる社会の形成についての理解を進める
	④子育ての新たな支え合いと連帯	・子育て支援施策の効果的な実施、身近な地域でのきめ細かな子育て支援の取り組み児童虐待など特に支援を必要とする子どもとその家庭に対する支援 ・妊娠、出産、子どもの育ちにかかわる保健医療 （14）就学前の児童の教育・保育を充実する （15）放課後対策を充実する （16）地域における子育て支援の拠点等の整備及び機能の充実を図る （17）家庭教育の支援に取り組む （18）地域住民の力の活用、民間団体の支援、世代間交流を促進する （19）児童虐待防止対策を推進する （20）特に支援を必要とする家庭の子育て支援を推進する （21）行政サービスの一元化を推進する （22）小児医療体制を充実する （23）子どもの健康を支援する （24）妊娠・出産の支援体制、周産期医療体制を充実する （25）不妊治療への支援等に取り組む （26）良質な住宅・居住環境の確保を図る （27）子育てバリアフリーなどを推進する （28）児童手当の充実を図り、税制の在り方の検討を深める

出所）厚生労働省「『少子化への対応を推進する国民会議（第6回）』における配布資料について」（http://www.mhlw.go.jp/houdou/2004/09/h0903-4.html, 2015 年 7 月 30 日閲覧）をもとに筆者作成

策に集中的に取り組むために策定された。そして，国をあげて取り組むべきき わめて重要なものと位置付け，「3つの視点」と「4つの重点課題」，「28の具 体的行動」を（表8-1）提示した。

4．「少子化社会対策大綱に基づく重点施策の具体的実施計画について」 （子ども・子育て応援プラン）

　少子化社会対策大綱に掲げる4つの重点課題に沿って，2009（平成21）年度までの5年間に講ずる具体的な施策内容と目標を提示したものが，「少子化社会対策大綱に基づく重点施策の具体的実施計画について」（子ども・子育て応援プラン）である。

　4つの重点課題に沿って，2009年度までに講ずる施策内容と目標を提示した。また「子どもが健康に育つ社会」「子どもを生み，育てることに喜びを感じることのできる社会」への転換がどのように進んでいるのかがわかるよう，おおむね10年後を展望した「目指すべき社会の姿」を掲げ，それに向けて，内容や効果を評価しながら，この5年間に施策を重点的に実施することとなった。

　この計画では，大綱に盛り込まれた施策のうち，地方公共団体や企業等とともに計画的に取り組む必要があるものについて，2009年度までの5年間に講ずる具体的な施策内容と目標を掲げた。

　また，同プランの目標値については，策定当時，全国の市町村が策定作業中の次世代育成支援に関する行動計画における子育て支援サービスの集計値を基礎において設定されている。全国の市町村の行動計画とリンクしたものとすることにより，子ども・子育て応援プランの推進が全国の市町村行動計画の推進を支援することになる。

第3節 「少子化対策」から「子ども・子育て支援」へ

1.「子ども・子育てビジョン」

　国は子ども・若者の育ち，そして子育てを支援することを第1に考え，個人が希望を普通にかなえられるような教育・就労・生活の環境を社会全体で整備する必要性があるということから，2010（平成22）年1月に，今後の子育て支援の方向性についての総合的なビジョンである「子ども・子育てビジョン」を策定した。「子ども・子育てビジョン」では，「3つの大切な姿勢」として，①「生命（いのち）と育ちを大切にする」，②「困っている声に応える」，③「生活（くらし）を支える」を掲げ，これらを踏まえ「目指すべき社会への政策4本柱」と「12の主要施策」に従って，取り組みを進めることとなった。そして，政府をあげた今後の取り組みに向けた推進方策として，以下の3点が提示された。

① 子どもを生み育てることに夢を持てる社会の実現のための施策を強力に推進すること
② 省庁横断的な観点から，総合性と一貫性を確保するため，子どもや子育てに係る施策間の整合性や連携を図る取り組みを進めるとともに，「子ども家庭省（仮称）」の検討など，省庁のあり方についても検討すること
③ 男女共同参画，仕事と生活の調和（ワーク・ライフ・バランス），子ども・若者育成支援等の重要政策とともに一体的な取り組みを進めること

2．父親の育児参加

　少子化対策の観点から，喫緊の課題となっている仕事と子育ての両立支援等を一層進めるため，男女ともに子育て等をしながら働き続けることができる雇用環境を整備することを目的として，「改正育児・介護休業法」が2010年6月30日より施行された。

就業者が仕事と子育てを両立するためには，就業者自身の子育て参加を促すための制度が充実されることや，就業者の働き方自体が見直され，かつ改善される必要があることから，働きながら子育てをする人への支援策として，育児休業制度がある。育児休業制度については，1991年に育児休業法が成立し，1995（平成7）年からはすべての事業主に対して同法が適用され，誰でも育児休業制度を利用することが可能となった。これは，先に見た「子ども・子育てビジョン」の「12の主要施策」のひとつとしても，男性の育児休業の取得促進により，男性の子育てへの関わりを促進することが提示されている。

　同法は，「1．子育て期間中の働き方の見直し」，「2．父親も子育てができる働き方の実現」，「3．仕事と介護の両立支援」，「4．実効性の確保」，などを保障する観点より整備された。「1．子育て期間中の働き方の見直し」では，3歳までの子を養育する労働者について，短時間勤務制度（1日6時間）を設けることを事業主の義務とし，労働者からの請求があったときの所定外労働の免除を制度化することや，子の看護休暇制度を拡充する（小学校就学前の子が，1人であれば5日の現行通り，2人以上であれば年10日）ことなど，具体性を高める内容が謳われている。

　また，「2．父親も子育てができる働き方の実現」のため，父母がともに育児休業を取得する場合，1歳2カ月（現行1歳）までの間に，1年間育児休業を取得可能とする（パパ・ママ育休プラス）や，父親が出産後8週間以内に育児休業を取得した場合，再度，育児休業を取得可能とすること，配偶者が専業主婦（夫）であれば育児休業の取得不可とすることができる制度を廃止することなどが可能となる。現状では，勤労者世帯の過半数が共働き世帯となっているなかで，女性だけでなく男性も子育てができ，親子で過ごす時間をもつことの環境づくりが求められている。男性の約3割が育児休業を取りたいと考えているが，実際の取得率は2014（平成26）年度で2.30％であった。男性が子育てや家事に費やす時間も先進国中最低の水準なのが現状である。また，男性が子育てや家事に関わっておらず，その結果，女性に子育てや家事の負荷がかかり

すぎていることが，女性の継続就業を困難にし，少子化の原因にもなっている。そのため，父母ともに育児休業を取得する場合の休業可能期間の延長を可能とした「パパ・ママ育休プラス」を提言している。「パパ・ママ育休プラス」は，父母がともに育児休業を取得する場合，育児休業取得可能期間を，子が1歳から1歳2カ月に達するまでに延長する他，父母一人ずつが取得できる休業期間（母親の産後休業期間を含む。）の上限は，現行と同様1年間とする。

また，出産後8週間以内の父親の育児休業取得の促進も改正法により可能となり，妻の出産後8週間以内に父親が育児休業を取得した場合，特例として，育児休業の再度の取得を認めることとした。そして，労使協定による専業主婦（夫）除外規定の廃止を行い，労使協定により専業主婦の夫などを育児休業の対象外にできるという法律の規定を廃止し，すべての父親が必要に応じ育児休業を取得できるようにすることも可能となったのである。

しかしながら，日本における父親の育児参加は多くの国と比較しても低いのが現状である。

図8-2からは，日本の男性の家事・育児に費やす時間は世界的にみても最低の水準であり，その負担は女性に集中していることがわかる。この点に関して，厚生労働省も男性の子育て参加を促進するため，企業トップを含めた職場の意識改革，管理職や従業員への研修の実施，育児休業取得者が出た場合の雇用管理ルールの明確化等の取り組みを推進するなど，その対策に乗り出しつつある。制度的に子育て支援を構築していくことは国の重要な責務であるが，そのことを国民全体が共有し，意識をもつことが重要である。

以上，本章では近年の日本における子育て支援施策に関する国の取り組みを中心に見てきた。ここではすべての子育て支援に関する法制度を紹介することはできなかったものの，本章を通じて，近年において子育て支援に関する施策が数多く策定されてきたことがわかる。かつて日本は「男性（夫）は外で仕事

● 6 歳未満児のいる男女の育児，家事関連時間　　■ 家事関連時間全体　　□ うち育児

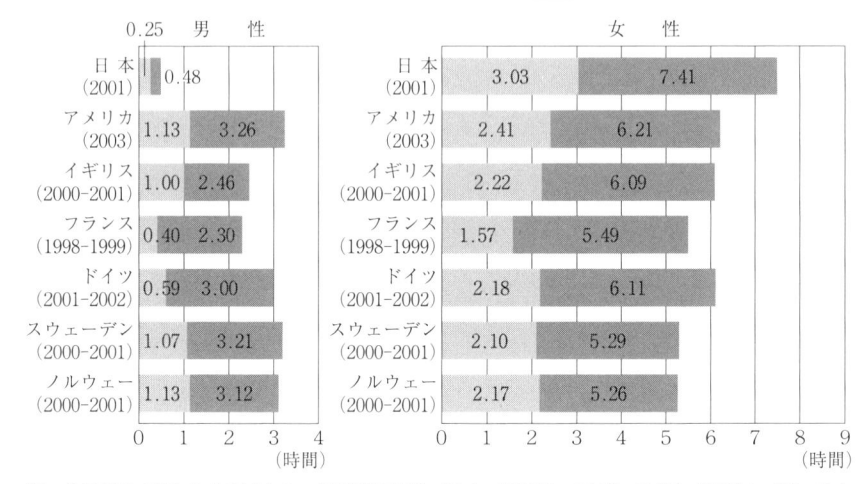

男性

国（年）	うち育児	家事関連時間全体
日本（2001）	0.25	0.48
アメリカ（2003）	1.13	3.26
イギリス（2000-2001）	1.00	2.46
フランス（1998-1999）	0.40	2.30
ドイツ（2001-2002）	0.59	3.00
スウェーデン（2000-2001）	1.07	3.21
ノルウェー（2000-2001）	1.13	3.12

女性

国（年）	うち育児	家事関連時間全体
日本（2001）	3.03	7.41
アメリカ（2003）	2.41	6.21
イギリス（2000-2001）	2.22	6.09
フランス（1998-1999）	1.57	5.49
ドイツ（2001-2002）	2.18	6.11
スウェーデン（2000-2001）	2.10	5.29
ノルウェー（2000-2001）	2.17	5.26

注）各国調査で行われた調査から，家事関連時間（日本：「家事」，「介護・看護」，「育児」，「買い物」の合計，アメリカ："Household activities", "Purchasing goods and services", "Caring for and helping household members", "Caring for and helping non-household members" の合計，欧州："Domestic Work"）と，そのなかの育児（Childcare）の時間を比較した。

資料）Eurostat "How Europeans Spend Their Time Everyday Life of Women and Men" (2004)，Bureau of Labor Statistics of the U.S. "America Time-Use Survey Summary" (2004)，総務省「社会生活基本調査」（平成13年）

図8－2　「男性の家事・育児時間」

出所）厚生労働省作成パンフレット「子ども・子育て応援プラン（1 少子化の現状と背景）」p.5
（http://www.mhlw.go.jp/bunya/kodomo/jisedai22/pdf/data.pdf，2015年7月30日閲覧）

をし，女性（妻）は家事，子育てをする」という社会通念が存在し，夫婦間の役割が分業される形で社会が構成されてきた。しかし，時代の変容とともに社会通念も変化し，現在は女性がより積極的に社会へ進出すべく多様な試みがなされてきている。

しかし，今日においては，完全に仕事と子育てが両立する社会となっているとはいいがたい。それは本章でも見てきたように，子育て支援に関する施策が数多く策定されつつあることからも看取することができる。換言すれば，子育て支援施策の制度的枠組みを構築しているのが現状である。そのようななかで，われわれが考えなければならないことは，そうした施策の意図を正確に捉

え，課題や問題を抽出していくことである。「何故，そうした法律が成立したのか」，「施策の意図は何か」について着目し続けることである。そして，子育て支援施策が実施されて初めて，諸課題に対応していくための方途が具現化されることとなる。すなわち，日本における子育て支援は緒についたばかりであり，より充実した子育て支援施策を展開していくためには，常に政策の動向に目を配っていく必要がある。

注

1）文部省・厚生省・労働省・建設省「今後の子育て支援のための施策の基本的方向について」1994年

参考文献

伊藤良高『幼児教育行政学』晃洋書房，2015年
森上史朗監修，大豆生田啓友・三谷大紀編『最新保育資料集2015』ミネルヴァ書房，2015年
厚生労働省「新エンゼルプランについて　重点的に推進すべき少子化対策の具体的実施計画について（新エンゼルプラン）の要旨」，2009年
厚生労働省報道発表資料「少子化対策プラスワン（要点）」2002年
内閣府「子ども・子育てビジョン～子どもの笑顔があふれる社会のために～」2010年

第9章 子育て支援サービスの概要

第1節　次世代育成支援対策推進法

「我が国における急速な少子化の進行並びに家庭及び地域を取り巻く環境の変化にかんがみ，次世代育成支援対策に関し，基本理念を定め，並びに国，地方公共団体，事業主及び国民の責務を明らかにするとともに，行動計画策定指針並びに地方公共団体及び事業主の行動計画の策定その他の次世代育成支援対策を推進するために必要な事項を定めることにより，次世代育成支援対策を迅速かつ重点的に推進し，もって次代の社会を担う子どもが健やかに生まれ，かつ，育成される社会の形成に資することを目的」（第1条）としている。

2014（平成26）年に改正され，法律の有効期限が2025（平成37）年3月まで10年間延長された。また，特例認定制度が設けられ，雇用環境の整備に関し適切な行動計画を策定し実施している旨の厚生労働大臣による認定を受けた事業主のうち，特に次世代育成支援対策の実施の状況が優良なものについて，厚生労働大臣による特例認定を受けた場合，一般事業主行動計画の策定・届出義務に代えて，次世代育成支援対策の実施状況の公表を義務付けることとされた。

この法律は，次世代育成支援対策交付金の交付についても定めている。次世代育成支援対策交付金交付要綱によれば，この交付金は予算の範囲内において

交付され、対象事業は乳児家庭全戸訪問事業（こんにちは赤ちゃん事業）、養育支援訪問事業、ファミリー・サポート・センター事業、子育て短期支援事業、延長保育促進事業、その他の事業とされている。

第2節　政府の施策と財政

1．子ども・子育て関連3法

2012（平成24）年8月に「子ども・子育て関連3法」が成立した。この3法は「子ども・子育て支援法」・「就学前の子どもに関する教育，保育等の総合的な提供の推進に関する法律の一部を改正する法律」・「子ども・子育て支援法及び就学前の子どもに関する教育・保育等の総合的な提供の推進に関する法律の一部を改正する法律の施行に伴う関係法律の整備等に関する法律」からなる。

子ども・子育て関連3法に基づく制度のことを「子ども・子育て支援新制度」という。内閣府・文部科学省・厚生労働省資料「子ども・子育て関連3法について」（2013（平成25）年4月）によれば「地域の実情に応じた子ども・子育て支援（利用者支援，地域子育て支援拠点，放課後児童クラブなどの『地域子ども・子育て支援事業』）の充実」として「教育・保育施設を利用する子どもの家庭だけでなく，在宅の子育て家庭を含むすべての家庭及び子どもを対象とする事業として，市町村が地域の実情に応じて実施する」とされている。

2．児童手当

児童手当制度の目的は，児童を養育している者に児童手当を支給することにより，家庭等における生活の安定に寄与するとともに，次代の社会を担う児童の健やかな成長に資することである（「児童手当法」第1条）。現在，国は「年金特別会計子どものための金銭の給付勘定」で経理している（この源流は1971（昭和46）年設置の厚生保険特別会計児童手当勘定に遡る）。2012年以降の児童手当制度のしくみは，次のようになっている。支給対象は，15歳に到達後の最初

の年度末までの国内に住所を有する児童である。支給月額は，3歳未満は1万5,000円，3歳以上小学校修了までは，第1子・第2子1万円，第3子以降1万5,000円である。中学生は1万円である。所得制限以上の者の児童の手当額は，一律5,000円である（当分の間の特例給付）。2015（平成27）年度予算「年金特別会計子どものための金銭の給付勘定」では，歳入・歳出とも1兆4,177億円である。事業主拠出金率は0.15％である。児童手当制度では，現金給付のほか，児童育成事業費（旧・福祉施設費）としての支出がある。事業主拠出金は被用者に対する児童手当の財源のほか「児童育成事業費」として企業の事業所内保育所や民間育児産業の助成等にも支出されている。

第3節　児童福祉法に定める事業

「児童福祉法」は，第21条の8以下で子育て支援事業について規定し，第34条の8以下でさらに規定している。子育て支援事業は，放課後児童健全育成事業，子育て短期支援事業，乳児家庭全戸訪問事業，養育支援訪問事業，地域子育て支援拠点事業，一時預かり事業，病児保育事業及び子育て援助活動支援事業のほか，児童及びその保護者またはその他の者の居宅において保護者の児童の養育を支援する事業，保育所その他の施設において保護者の児童の養育を支援する事業，地域の児童の養育に関する各般の問題につき保護者からの相談に応じ必要な情報の提供及び助言を行う事業がある。

市町村は，子育て支援事業に係る福祉サービスその他地域の実情に応じたきめ細かな福祉サービスが積極的に提供され，保護者が，その児童及び保護者の心身の状況，これらの者の置かれている環境その他の状況に応じて，当該児童を養育するためにもっとも適切な支援が総合的に受けられるように，福祉サービスを提供する者またはこれに参画する者の活動の連携及び調整を図るようにすることその他の地域の実情に応じた体制の整備に努めなければならない（第21条の8）。また，市町村は，児童の健全な育成に資するため，その区域内に

おいて，子育て支援事業が着実に実施されるよう，必要な措置の実施に努めなければならない（第21条の9）。市町村は子育て支援事業に関し必要な情報の提供を行うとともに，保護者から求めがあったときは，当該保護者の希望・その児童の養育の状況・当該児童に必要な支援の内容その他の事情を勘案し，保護者がもっとも適切な子育て支援事業の利用ができるよう相談に応じ必要な助言を行う（第21条の11第1項）。市町村は，助言を受けた保護者から求めがあった場合には，必要に応じて，子育て支援事業の利用についてあっせんまたは調整を行うとともに，子育て支援事業を行う者に対し利用の要請を行う（第21条の11第2項）。

「児童福祉法」は，子育て支援事業のほかにも家庭的保育事業など多くの事業を規定している。

1．放課後児童健全育成事業（法第34条の8など）

小学校に就学しているおおむね10歳未満の児童であって，その保護者が労働等により昼間家庭にいないものに，政令で定める基準に従い，授業の終了後に児童厚生施設等の施設を利用して適切な遊び及び生活の場を与えて，その健全な育成を図る事業である（法第6条の3第2項）。市町村は，児童の健全な育成に資するため，地域の実情に応じた放課後児童健全育成事業を行うとともに，放課後児童健全育成事業を行う者との連携を図る等により，児童の放課後児童健全育成事業の利用の促進に努めなければならない（法第21条の10）。「子ども・子育て関連3法」により「児童福祉法」が改正され，小学4年生以上を含むすべての小学生が対象となることが法律上明確にされた。

なお，放課後児童クラブの規模について厚生労働省は，2007（平成19年）10月の通知で40人程度までが望ましく1カ所の最大は70人までとしている。また，規模が40人から70人までの場合は児童を2つの集団に分けるべきであるとしている。

2014年6月の閣議決定「『日本再興戦略』改訂2014」では，「小1の壁」を

打破し次代を担う人材を育成するため,「放課後子ども総合プラン」を策定し2019（平成31）年度末までに30万人の放課後児童クラブの受け皿を拡大する,あわせて1万カ所以上の場所で放課後児童クラブと放課後子供教室の一体化を行う,「次世代育成支援対策推進法」に基づく市町村行動計画の策定等を2014年度内に求める,とされた。これをうけて,文部科学・厚生労働両省は2014年7月31日「放課後子ども総合プラン」を策定した。これは,共働き家庭等の「小1の壁」を打破するとともに,次代を担う人材を育成するため,すべての児童が放課後等を安全・安心に過ごし,多様な体験・活動を行うことができるよう,文部科学省と厚生労働省が協力し,一体型を中心とした放課後児童健全育成事業（放課後児童クラブ）及び地域住民等の参画を得て,放課後等にすべての児童を対象として学習や体験・交流活動などを行う事業（放課後子供教室）の計画的な整備等を進めることを趣旨・目的としている。

　このなかで,国全体の目標として,2019年度末までに,放課後児童クラブについて約30万人分を新たに整備すること,新規開設分の約80％を小学校内で実施すること,全小学校区（約2万カ所）で一体的にまたは連携して実施し,うち1万カ所以上を一体型で実施を目指すこととしている。そして,①国は「放課後子ども総合プラン」に基づく取り組み等について「次世代育成支援対策推進法」に定める行動計画策定指針に記載する,②市町村及び都道府県は行動計画策定指針に即し,市町村行動計画及び都道府県行動計画に2019年度に達成されるべき一体型の目標事業量,小学校の余裕教室の活用に関する具体的な方策などを記載し,計画的に整備する。

2．子育て短期支援事業（法第34条の9など）

　保護者の疾病その他の理由により家庭において養育をうけることが一時的に困難となった児童について,児童養護施設その他の施設に入所させ,その者につき必要な保護を行う事業である。子育て短期支援事業は,短期入所生活援助事業（ショートステイ）及び夜間養護等事業（トワイライトステイ）からなる（「児

童福祉法施行規則」第1条の2の6)。児童養護施設以外でこの事業を行う施設として，乳児院，母子生活支援施設その他の保護を適切に行うことができる施設が定められている（同規則第1条の4)。

3．乳児家庭全戸訪問事業（こんにちは赤ちゃん事業）（法34条の10など）

　生後4カ月までの乳児のいるすべての家庭を訪問し，さまざまな不安や悩みを聞き，子育て支援に関する情報提供等を行うとともに，親子の心身の状況や養育環境等の把握や助言を行い，支援が必要な家庭に対しては適切なサービス提供につなげるものである。乳児のいる家庭と地域社会をつなぐ最初の機会とすることにより，乳児家庭の孤立化を防ぎ，乳児の健全な育成環境の確保を図ることを目的としている。実施主体は市町村・特別区である。

　事業の内容は，①生後4カ月までの乳児のいるすべての家庭を訪問し，育児等に関するさまざまな不安や悩みを聞き，相談に応じるほか，子育て支援に関する情報提供等を行う，親子の心身の状況や養育環境等の把握及び助言を行い，支援が必要な家庭に対し適切なサービス提供につなげる，②訪問スタッフには，愛育班員，母子保健推進員，児童委員，子育て経験者等を幅広く登用する，③訪問結果により支援が必要と判断された家庭について，適宜，関係者によるケース会議を行い，養育支援訪問事業をはじめとした適切なサービスの提供につなげるとされている。

4．養育支援訪問事業（法34条の10など）

　養育支援が特に必要であると判断した家庭に対し，保健師・助産師・保育士等が居宅を訪問し，養育に関する指導，助言等を行うことにより，当該家庭の適切な養育の実施を確保することを目的としている（「養育支援訪問事業ガイドライン」)。

　乳児家庭全戸訪問事業の実施結果や母子保健事業，妊娠・出産・育児期に養

育支援を特に必要とする家庭に係る保健医療の連携体制に基づく情報提供及び関係機関からの連絡・通告等により把握され，養育支援が特に必要であって，本事業による支援が必要と認められる家庭の児童及びその養育者が対象である。

5．地域子育て支援拠点事業（法34条の11など）

　厚生労働省令で定めるところにより，乳児または幼児及びその保護者が相互の交流を行う場所を開設し，子育てについての相談，情報の提供，助言その他の援助を行う事業である（法6条の3第6項）。2013（平成25）年度から再編・拡充され，現在は一般型・連携型の2類型からなる。一般型は，保育所，公共施設空きスペース，商店街空き店舗，民家，マンション・アパートの一室等を活用して，常設の地域の子育て拠点を設け，地域の子育て支援機能の充実を図る取り組みを実施している。連携型は，児童福祉施設等多様な子育て支援に関する施設に親子が集う場を設け，子育て支援のための取り組みを行っている。なお，旧地域機能連携型は利用者支援事業に発展的に移行した。

6．一時預かり事業（法34条の12など）

　家庭において保育をうけることが一時的に困難となった乳児または幼児について，厚生労働省令で定めるところにより，主として昼間において，保育所その他の場所において，一時的に預かり，必要な保護を行う事業である（法6条の3第7項）。特定の乳幼児のみを対象とするものは除外される。市町村・社会福祉法人等は，都道府県知事に届け出て，一時預かり事業を行うことができる。設備，人員配置，保育内容などの基準は厚生労働省令で規定されている。

7．家庭的保育事業（法34条の15など）

　乳児または幼児であって，市町村が家庭的保育者の居宅その他の場所において，家庭的保育者による保育を行う事業である（法6条の3第9号）。家庭的保

育者とは，市町村の研修を修了した保育士その他で乳児または幼児の保育を行う者として市町村長が適当と認めるものである。家庭的保育事業は国庫補助事業として2000（平成12）年度に予算化された。2008年（平成20）年の児童福祉法の改正で法制化され，2010（平成22）年度から法に基づく事業として開始した。

参考文献

井村圭壯・相澤譲治編著『児童家庭福祉の理論と制度』勁草書房，2011年

植木信一編著『保育者が学ぶ家庭支援論』建帛社，2011年

大豆生田啓友・太田光洋・森上史朗編『よくわかる子育て支援・家庭支援論』ミネルヴァ書房，2014年

小野澤昇・田中利則・大塚良一編『子どもの生活を支える家庭支援論』ミネルヴァ書房，2013年

前田正子『みんなでつくる子ども・子育て支援新制度―子育てしやすい社会をめざして』ミネルヴァ書房，2014年

第10章 保育所入所児童の家庭への支援

第1節 「保育所保育指針」の改定

　「保育所保育指針」は，保育の内容等について規定している。「保育所保育指針」は厚生労働大臣告示であり，2008（平成20）年3月に改定され，2009（平成21）年4月施行された。

　「保育所保育指針解説」の「改定の要点」によれば，今回の改定は4点に整理されるが，このうち子育て支援に関連の深いのは次の3点であり，要約すると以下のようになる。

⑴　保育所の役割の明確化

　保育所の役割が「保育指針」に位置付けられた。保育所は，養護と教育を一体的に行うことを特性とし，環境を通して子どもの保育を総合的に実施する役割を担うとともに，保護者に対する支援（入所する児童の保護者に対する支援及び地域の子育て家庭に対する支援）を行うことを明記した。その上で，保育所における保育の中核的な担い手である保育士の業務とともに，保育所の社会的責任（子どもの人権の尊重，説明責任の発揮，個人情報保護など）について規定した。

⑵　保育の内容の改善

　①　発達過程の把握による子どもの理解，保育の実施

　誕生から就学までの長期的視野をもって子どもを理解するため，「子どもの

発達」の章で，発達過程区分に沿った子どもの発達の道筋，乳幼児期に育ち経験することが望まれる基本的事項，発達過程に応じた特有の配慮事項が示された。

② 「養護と教育の一体的な実施」という保育所保育の特性の明確化

保育の内容をより具体的に把握し，計画―実践―自己評価するための視点として「ねらい及び内容」を「養護」と「教育」の両面から示した。

③ 健康・安全のための体制充実

子どもの健康・安全の確保が子どもの保育所での生活の基本であるとの考えの下に，子どもの発育・発達状態の把握，健康増進，感染症など疾病への対応，衛生管理，安全管理などの諸点に関し，保育所が施設長の責任の下に取り組むべき事項を明記した。不適切な養育に関する早期把握，要保護児童対策地域協議会（子どもを守る地域ネットワーク）など地域の専門機関との連携にも言及している。「食育基本法」の制定などを踏まえ，健康な生活の基本としての「食を営む力」の育成に向け，食育の推進を明記している。健康・安全，食育に関する計画的な実施のため，全職員の連携・協力，専門的職員の確保など保育の実施体制も規定している。

④ 小学校との連携

子どもの生活や発達の連続性を踏まえた保育の内容の工夫，小学校の子どもや職員間の交流など積極的な連携に取り組むことを奨励するとともに，就学に際し，子どもの育ちを支えるための資料を「保育所児童保育要録」として小学校へ送付することを義務づけた。

(3) 保護者支援

保育所における保護者への支援については，保育士の業務として明記するとともに，独立した章（6章「保護者に対する支援」）を設け，保育所に入所する子どもの保護者に対する支援及び地域における子育て支援について定めている。特に，保育所の特性を生かした支援，子どもの成長の喜びの共有，保護者の養育力の向上に結びつく支援，地域の資源の活用など，保護者に対する支援の基

本となる事項を明確にしている。

第2節　保育所と子育て支援

1．保育所の意義

　「児童福祉法」によれば，保育所は，保育を必要とする乳児・幼児を日々保護者の下から通わせて保育を行うことを目的とする施設（利用定員20人以上）である（第39条1項）。また，保育所は，特に必要があるときは，保育を必要とするその他の児童を日々保護者の下から通わせて保育することができる（同条2項）。

　これを受けて，「保育所保育指針」では保育所の役割について，「保育所は，児童福祉法第39条の規定に基づき，保育に欠ける子どもの保育を行い，その健全な心身の発達を図ることを目的とする児童福祉施設であり，入所する子どもの最善の利益を考慮し，その福祉を積極的に増進することにもっともふさわしい生活の場でなければならない。（略）保育所は，入所する子どもを保育するとともに，家庭や地域のさまざまな社会資源との連携を図りながら，入所する子どもの保護者に対する支援及び地域の子育て家庭に対する支援等を行う役割を担うものである。保育所における保育士は，児童福祉法第18条の4の規定を踏まえ，保育所の役割及び機能が適切に発揮されるように，倫理観に裏付けられた専門的知識，技術及び判断をもって，子どもを保育するとともに，子どもの保護者に対する保育に関する指導を行うものである。」としている。

　保育の内容については，「児童福祉施設の設備及び運営に関する基準」第35条で「保育所における保育は，養護及び教育を一体的に行うことをその特性とし，その内容については，厚生労働大臣が，これを定める指針に従う」とされている。さらに「保育所の長は，常に入所している乳児又は幼児の保護者と密接な連絡をとり，保育の内容等につき，その保護者の理解及び協力を得るよう努めなければならない」（同第36条）とされている。

「保育所保育指針」は、「保育所は、児童福祉法に基づき保育に欠ける乳幼児を保育することを目的とする児童福祉施設である。したがって、保育所における保育は、ここに入所する乳幼児の最善の利益を考慮し、その福祉を積極的に増進することにもっともふさわしいものでなければならない。保育所は、乳幼児が、生涯にわたる人間形成の基礎を培う極めて重要な時期に、その生活時間の大半を過ごすところである。保育所における保育の基本は、家庭や地域社会と連携を図り、保護者の協力の下に家庭養育の補完を行い、子どもが健康、安全で情緒の安定した生活ができる環境を用意し、自己を十分に発揮しながら活動できるようにすることにより、健全な心身の発達を図るところにある。そのために、養護と教育が一体となって、豊かな人間性をもった子どもを育成するところに保育所における保育の特性がある。また、子どもを取り巻く環境の変化に対応して、保育所には地域における子育て支援のために、乳幼児などの保育に関する相談に応じ、助言するなどの社会的役割も必要となってきている。」としている。

2．保育所への入所
(1) 保育の入所

　市町村は、「児童福祉法」及び「子ども・子育て支援法」の定めるところにより、保護者の労働又は疾病その他の事由により、その監護すべき乳児、幼児その他の児童について保育を必要とする場合、児童を保育所において保育しなければならない（「児童福祉法」第24条第1項）。これまでの保育所入所要件は、保護者が児童を保育することができず、同居の親族も保育できない等「保育に欠ける」こととされていたが、これらは改正されて「保育を必要とする」こととされた。

　具体的には、子どもの保護者が① 一定時間以上労働することを常態としている、② 妊娠中であるか又は出産後間がない、③ 疾病にかかり、若しくは負傷し、又は精神若しくは身体に障害を有している、④ 同居の親族を常時介護

又は看護していること等に該当する場合,「保育を必要とする」と判断される。

(2) 保育の必要性

「子ども・子育て支援法」では,保護者の申請を受けた市町村が客観的基準に基づき,認定区分に従い,保育の必要性を認定した上で給付を支給する。認定区分は1・2・3号に分かれ,1号認定は教育標準時間認定（保育の必要性の認定を受けない者）,2号認定は満3歳以上・保育認定,3号認定は満3歳未満・保育認定である。国は,保育の必要性の認定に当たっては,「事由」「区分」「優先利用」の3点について内閣府令等に基づき認定基準を策定する。このうち,「事由」は保護者の労働または疾病その他の事由の有無であり,国の「子ども・子育て支援法施行規則」により定められる。「区分」は標準時間認定または短時間認定の区分であり改正「子ども・子育て支援法施行規則」により定められる予定である。「優先利用」に該当するか否かは,ひとり親家庭や虐待のおそれのあるケースの子ども等か否かで国の通知が発出される予定である。「子ども・子育て支援法施行規則」は,内容が確定した部分から順次,改正されていく。

3. 保育所の状況

2014（平成26）年9月に厚生労働省が公表した「保育所関連状況取りまとめ」（2014年4月1日時点）では,保育所定員などについて特徴をあげている。要約すれば,以下の通りである。

① 保育所定員は234万人であり,2013（平成25）年4月から2014年4月で4万7千人増加している。

② 保育所利用児童数は226万6,813人で,前年から4万7,232人の増である。保育所を利用する児童の年齢区分別では,3歳未満が3万1,184人の増,3歳以上は1万6,048人の増である。

③ 待機児童数は2万1,371人で4年連続の減少である。1年間で待機児童数は1,370人減少した。

④ 50人以上の待機児童がいて，児童福祉法で保育事業の供給体制の確保に関する計画を策定するよう義務付けられる「特定市区町村」は前年から3減少し，98市区町村となった。

4．保育所等に関する国家予算

2015（平成27）年度の厚生労働省予算において「子どもを産み育てやすい環境づくり」では，子ども・子育て支援新制度の実施による教育・保育，地域の子ども・子育て支援の充実，「待機児童解消加速化プラン」に基づく保育所等の受入児童数の拡大，「放課後子ども総合プラン」に基づく放課後児童クラブの拡充，母子保健医療対策の強化，ひとり親家庭支援の推進などにより，子どもを産み育てやすい環境を整備する，としている。子ども・子育て支援新制度の実施として2兆1,375億円，待機児童解消等の推進など保育の充実に892億円，放課後児童対策の充実として575億円，「子育て支援員」研修制度の創設に7億円を計上している。

5．保育所以外の保育施設・事業

保育所のほかにもさまざまな保育施設や事業が存在する。

(1) 認定こども園

認定こども園は，「就学前の子どもに関する教育，保育等の総合的な提供の推進に関する法律」に基づく施設である。幼稚園，保育所等のうち，就学前の子どもに幼児教育・保育を提供する機能・地域における子育て支援を行う機能の2つを備え，認定基準を満たす施設は，都道府県知事から認定こども園の認定をうけることができる。

(2) 地域型保育事業

2015年度から始まる子ども・子育て支援新制度では，次のものを児童福祉法に基づき「地域型保育事業」としている。従前のいわゆる無認可保育とは異なり，認可事業として地域型保育給付の対象とし，利用者による多様な選択を

可能にしている。
① 小規模保育（利用定員6人以上19人以下）
② 家庭的保育（利用定員5人以下）
③ 居宅訪問型保育
④ 事業所内保育（企業などの従業員の子どものほか，地域で保育を必要とする子どもにも保育を提供する）

第3節　保育所の子育て支援事業

「保育所保育指針」第6章では，地域の保護者等に対する子育て支援として，ア　地域の子育ての拠点としての機能(ア)子育て家庭への保育所機能の開放（施設及び設備の開放，体験保育等）(イ)子育て等に関する相談や援助の実施(ウ)子育て家庭の交流の場の提供及び交流の促進(エ)地域の子育て支援に関する情報の提供　イ　一時保育，があげられている。また，①市町村の支援を得て，地域の関係機関，団体等との積極的な連携及び協力を図るとともに，子育て支援に関わる地域の人材の積極的な活用を図るよう努めること，②地域の要保護児童への対応など，地域の子どもをめぐる諸課題に対し，要保護児童対策地域協議会など関係機関等と連携，協力して取り組むよう努めること，の2点も定められている。

多くの自治体で行われている保育所での地域の子育て家庭を支援するための事業として，たとえば次のものがあげられる。

(1)　一時保育

短時間就労や保護者会への参加，冠婚葬祭，育児疲れのリフレシュ等さまざまな理由で，家庭での育児が困難になったとき，一時的に子どもを預かる。

(2)　緊急一時保育

保護者の急な病気や出産のための入院，家族の急な入院による介護等により家庭で保育が困難になったときなどの緊急時に，一時的に子どもを預かる。

一時保育・緊急一時保育の対象年齢は原則として各保育所の受入年齢と同じである。保育所休所日以外の日の保育時間内に利用できる。利用期間や実費負担分を含む保育料もそれぞれ定められている。

(3) 子育て相談

育児や子育てに関わる悩みや不安について，保育士が相談をうける。来所や電話等による相談に応じたり，遊びや食事等の体験保育を通して，育児相談・援助も行っている。

(4) 地域活動事業

保育所では，保育所入所児とそれ以外の地域の子どもが交流できる環境づくりをしている。夏祭りやクリスマス会など季節ごとにいろいろな行事を行っている。子育て家庭の交流の場の提供と交流の促進を目的として，気軽にかつ自由に利用できるよう園庭開放などの形で施設を開放したり，子育て家庭同士が交流する場を設けている。

参考文献

井村圭壯・相澤譲治編著『児童家庭福祉の成立と課題』勁草書房，2013年
井村圭壯・相澤譲治編著『保育と家庭支援論』学文社，2015年
橋本真紀・山縣文治編『よくわかる家庭支援論（第2版）』ミネルヴァ書房，2015年
松村和子・澤江幸則・神谷哲司編著『家庭支援論』建帛社，2010年
山縣文治編『よくわかる子ども家庭福祉（第9版）』ミネルヴァ書房，2014年

第11章 地域の子育て家庭への支援

第1節 地域における子育て支援の必要性

1．地域の子育て力の低下

　近年，子どもと保護者が気軽に利用できる子育て支援の場が「地域」に増えている。そもそも子どもにとって「地域」とは家庭の次に出会う身近な社会であり，特別な場を設けなくても，地域に住むいろいろな年齢の人びととの交流から「社会」を広げてきた。現在も，もちろん地域というまとまりは存在している。しかし支えあい，育ちあうといった機能的な意味での「地域」が近年大きく様変わりしてきたのではないだろうか。

　その要因としてまず，少子化による子どもの数の減少があげられる。ひとりの女性が一生の間に出産すると考えられる子どもの数の平均値を表す，合計特殊出生率は，1950（昭和25）年の3.65人から2013（平成25）年には1.43人になった。過去最低の出生率であった2005（平成17）年の1.26人からみると少しの上昇がみられるものの，アメリカの1.87人，フランスの2.01人など欧米の主要先進国の合計特殊出生率に比べると依然低いことがわかる。地域で同年齢，異年齢の子どもたちと遊ぶ体験は子どもが社会を広げる意味で子どもの成長に大きな意義をもつ。しかし現在は都市部においても地域による子どもの数の偏りが大きく，遊びのなかで以前までは経験できていた成功体験や葛藤体験

も，遊びの場の減少により経験不足となる傾向にある。保護者についても同様で，子どもを地域で遊ばせることから自然に母親同士の交流が生まれてきたが，地域に同年齢の子を育てる母親が少ない場合，出会いの機会がなく，仲間作りが難しくなっている現状がある。

　次に，社会全体の個人を尊重する考え方についてである。プライバシーを尊重し，お互いに踏み込まない距離感での生活が当たり前の現在，必ずしも近隣の人と挨拶を交わすということもなく，また，隣にだれが住んでいるかさえわからないということも珍しくないだろう。つきあいに一定の距離感をもちながらお互いを知らない親子が仲間をつくり，子育てをしていくことは簡単なようで難しい。たとえば1990年代から子どもを地域の公園に連れていくことを「公園デビュー」とよぶようになったが，それを母親らは「怖い」と認識した。公園デビューは子どもが地域の子どもコミュニティに参加を始めることだが母親も母親コミュニティに参加し始めることになる。子ども同士は知り合いでなくてもたいていの場合自然に関わりをもつことができるが，母親はコミュニケーションをとることに煩わしさやストレスを感じることがある。人間関係の親密さを求めずに生活したいと願いながらも，母親は子どものコミュニティに巻き込まれ生活をしていくのである。

　さらに，核家族化が進むなかで，近くに頼れるような親族がいないという家庭がある。子育てについて自分の親に相談したり，用事のある時や体調がすぐれない時に育児を手伝ってもらうといったサポートをうけることができない上，夫の帰宅が遅く，子育てを手伝ってもらうなどのサポートが受けられない家庭も多い現状にある。

　男性の働き方の見直しについては2007（平成19）年には「仕事と生活の調和（ワーク・ライフ・バランス）憲章」および「仕事と生活の調和推進のための行動指針」が策定された。育児に対する父親の考え方は近年変化してきたが，働き盛りである世代の父親の労働時間は依然長い傾向にあり，仕事が中心の生活となっている。

このように，現状から子育てに関する負担は母親に大きくかかる傾向にある。子育てがうまくいかないとき「自分の子育ての仕方が悪い」と悩み，次第に育児ストレスや育児うつの状態になるケースもみられる。

　地域で子育て家庭を見守り，地域みんなで子育てをしていくといった視点は，子どもとその家族が安心して地域で暮らしていくために重要であろう。

　地縁的なつながりの深かった時代から，新しい家族が移り住み新しい地域が形成されていく時代へと変わり，地域のつながりは希薄化していったが，機能的な意味での「地域社会の再構築」が今求められている。社会から子育て家庭が孤立することなく，安心して子育てができるように地域の子育て支援を考えていく必要があるのではないだろうか。

2．在宅で子育てをする保護者と子どもに対する支援の必要性

　女性の社会進出が進み，近年乳児期から保育所へ入所する子どもは増加している。しかし，3歳未満児の子どものうち保育所等に入所している子どもは，全体の2割程度で，約8割の子どもは，家庭での子育てが中心となっている。かつては，両親ともに働きながら子育てをしている状態に不安を感じるという母親が多かったが，今はむしろ働いていない母親の方が子育てに対して孤立や閉塞感を抱えており，育児に対する不安も高いといわれている。「子どもと二人で家にいるのがしんどい」「子育てのことがわからない」「相談できる人がいない」など子育てに悩みを抱えながら在宅で子育てをする母親が，孤立することのないように，地域とつながりをもてるような支援をする必要がある。子育ての孤立化はやがて不安感や負担感につながり，深刻な虐待へと変化していくこともある。保育者は，このような母親の置かれた状況を十分に理解し，専門性をもって支援するなかで育児に対するストレスを低減させることが求められているのである。

第2節　地域の子育て支援における取り組み

1．地域子育て支援の歩み

　1990（平成2）年頃より子育て家庭に対する支援が身近にないと感じる親同士が，お互いに支えあう関係性を求め，グループやサークルを自主的に作り始める動きが全国に草の根的に広がりを見せるようになった。そのような流れのなか，1993（平成5）年には保育所地域子育てモデル事業が創設され，地域において身近な児童福祉施設である保育所が，入所児だけでなく地域の在宅で子育てをする保護者と子どもを対象として保育の専門性を生かした支援を行うようになった。子育て支援拠点の拡充と整備はさらに進められ，2002（平成14）年には「つどいの広場事業」が新たに加わり，全国に多くの「ひろば」が設置され子育て支援の拠点として活用されるようになった。

2．地域子育て支援拠点事業

　地域子育て支援拠点事業とは，子どもや子育て環境が大きく変化する社会の状況を踏まえ，地域において子育て親子の交流を促進することにより，地域の子育て機能の充実をはかり，子どもの健やかな育ちを支援するために創設されたものである。2007年に「ひろば型」「センター型」「児童館型」として始まったこの事業だが，多様なニーズにさらに対応できるようにするため2012（平成24）年には再編され「一般型」と「連携型」となった。

　2014（平成26）年に定められた「地域子育て支援拠点事業実施要項」には事業の内容として，乳幼児及びその保護者が相互の交流を行う場所を開設し，①子育て親子の交流の場の提供と交流の促進，②子育て等に関する相談，援助の実施，③地域の子育て関連情報の提供，④子育て及子育て支援に関する講習等の実施を行うことが記されている。

3．地域子育て支援拠点事業（一般型）

　地域子育て支援拠点事業は，の実施形態の多様化を踏まえ現在は多様な機能をもつことが求められるようになった。一般型は「ひろば型」「センター型」が再編されたものである。実施の場所は公共施設，公民館，保育所等の児童福祉施設，小児科医院などの医療施設，その他地域の商店街の空き店舗などを利用することもでき，地域で子育て親子が集うことが可能な場所が拠点となっている。一般型では原則として週3日以上かつ1日5時間以上開設することが定められており，ほぼ毎日朝から夕方まで開設されているような施設もなかにはある。また，必ず子育て親子の支援に関する知識と経験を有する専任者が配置されている。実施の主体は市町村であるが，市町村が委託したその地域のさまざまな団体，たとえば大学やNPO法人等が実施している場合もある。

　子育て支援拠点は安心して親子が生活をともにする場として，親子の出会いや交流を大切にしながら安心して子育てできる環境づくりを目指している。交流のなかで他の母親の子育ての様子を見たり他児との関わり経験することは，子育てを身近にみることなく育った親にとって大きな学びの機会となっている。また，先にも述べたが一般型子育て支援拠点には，専任者が設置されておりその果たす役割が大きい。親子だけでは交流がむずかしい場合にも慣れるまでの間，専任者がパイプ役となり交流がもてるようなったら，保護者同士の関係を大切にするなどの配慮が可能だからこそ，居心地がよく安心して来られる場となりえるのである。日々の施設利用のなかで自然に子育ての力を育くむことを期待しながら，専任者である保育者は業務にあたっている。

　また，第2節2で述べた基本事業に加え，地域の実情や利用者のニーズにより親子の集う場に出向くことが困難な親子を対象とした「出張ひろば」や，市町村の委託により，①一時預かり事業，②放課後児童健全育成事業，③乳幼児家庭全戸訪問事業，④市町村独自の子育て支援事業（未就学児をもつ家庭への訪問活動等）などの事業等もあり，幅広い子育て支援に保育者が従事しているのである。

4．地域子育て支援拠点（連携型）

　連携型の地域子育て支援拠点は，効率的に地域の子育てニーズに対応できるように児童福祉施設・児童福祉事業を実施する施設で行われている。主には児童館や児童センター等がそれにあたる。連携型では週3回以上かつ1日3時間以上の開設が定められている。また，連携型においても専門的な知識を有する専任者の配置が義務づけられており，専任者の果たす役割についても同様である。それに加え，連携施設のバックアップ体制を整えることが記されている。

5．プログラム型支援とノンプログラム型支援

　子育て支援の内容を「プログラム型支援」と「ノンプログラム型支援」に分類することがある。プログラム型支援とは，文字通り予定したプログラムに基づき，専任者が意図をもって発信するものである。プログラム型支援には保育者が発信したい内容がそのままメッセージとして伝えられる良さがある。それに対し，ノンプログラム型支援は，「見守り型支援」ともよばれており，特にプログラムを設けることなく，親子の居場所としてゆったりと過ごせることを機能の第一としている。ノンプログラムであることにより，好きな時間に親子のペースに合わせて利用が可能である。「10時に始まるとわかっていましたが出かける前にぐずってしまって，プログラムに参加できなくなりました。途中からの参加は私の気がすすまなくて…」というように，出かけようと思っても母親の意志だけでうまくコントロールできないのが施設を利用する年齢の子どもたちの特徴でもあろう。そのようなことを考えると，プログラム型支援とノンプログラム型支援の両方をうまく使い分けられることが，施設に足を運んでもらうことにつながるのかも知れない。「毎日，昼寝から目覚めたら玄関に行って靴をはいて外へ行こうと言ってくれるんです。ここで遊ばせてもらって，家に帰ったらご飯食べてすぐに寝てくれて。こちらへ来るようになって生活のリズムができました」など，一日の生活のなかに施設の利用を取り入れることで生活リズムが自然に形成されたというケースもあるように，母親が主体的に

生活のなかに活用できるような支援であることも特徴のひとつだろう。

「ハイハイの練習をしても家では狭くて思い切り動けないし，子どもの変化を一人で見ているより，先生方にもわが子の成長を喜んでもらえるから，ここに来るのが毎日楽しみ」など，専任者との信頼関係も保護者にとっての大きな支援となっていると考えられる。

また「この子と二人で家にいると私がしんどくなるので，お天気が悪くてもこちらには毎日来たい」と子育ての孤立感を感じそうなときにバランスをとる居場所として活用されているケースもあり，ストレスの低減にも一定の役割を果たしているといえよう。地域の親子にとっての垣根の低い居場所として，地域の子育て支援拠点は大きな役割を担っているのである。

第3節　父親への支援

1．父親になることへの支援

近年は，子育ては女性が行うものという考え方から，子育ては「夫婦で行うもの」という考え方に大きく変化してきた。しかし，実際には出産や育児において女性しか担えない部分も多く「どのようなことを父親としてできるのか」と男性が戸惑いを感じることもあるだろう。男性が父親になる過程において，その意識に働きかける支援が必要となる。

具体的な支援の取り組みとして，市町村や医療機関にて行われるマタニティ学級への父親の参加の推奨や父親を対象とした学級などがある。また近年全国各地にて，母子健康手帳（「母子保健法」第10条）の交付と同時に父子手帳が配布されるようになった。各地で発行されている父子手帳の内容をみると，出産前の基礎知識や出産に必要な準備，分娩の流れ，出産前後の手続きなど事務的な事柄，沐浴やミルクの与え方，オムツの替え方などの生まれてからの家庭における赤ちゃんとの関わり方，子どもの小学校入学までの必要な情報，子どもと父親のお出かけ情報と幅広く気軽に読める内容となっている。出生時の記録

や写真，子どもへのメッセージを記入するページを設けるなど「育児を楽しんでほしい」という観点も大切にされている。また，夫として母親の体の変化，産前産後の体のしんどさへのサポートや父親が育児に参加することの大切さ，夫婦で子育てすることの意味についてもわかりやすく解説されている。

これらの冊子は育児書としてではなく，男性が楽しく自発的に子育てに関わっていけるように支援することが目的となっている。

2．イクメンプロジェクト

厚生労働省は，男性の子育て参加や育児休業取得の推進を目的とした「イクメンプロジェクト」を 2010（平成 22）年より始動した。

「イクメン」とは「子育てを楽しみ自分自身も成長する男性のこと」としている。

約 3 割程度の男性が「育児休業を取得して子育てを行いたい」と希望している一方で，実際の育児休業の取得率は全体の約 2 ％となっており，先進国のなかで日本の育児休業の取得率は最低水準である。

現在日本の男性の育児時間は 1 日平均約 30 分と，けっして十分とはいえない。男性の長時間労働の現状は，育児と仕事を同じように重視したいと考えても，実際には仕事がどうしても優先となってしまうといった状況を招いているともいえる。

また，子育てを身近にみることなく育った父親も多く，幼い子どもとの関わりの経験は乏しいことが多い。その結果，わが子とどう向き合えばよいか悩むことも多いのが現状である。父親自身が子どもの頃の遊びとしてゲームしか思い浮かばないなど，遊びの経験に偏りをもっているケースも考えられるだろう。父親の育児の悩みとして「抱っこするのが怖い」「何をして一緒に遊べばよいかわからない」「叱り方がわからない」「可愛いと思えない」などが聞かれる。父親のもつ悩みの軽減についても母親への支援同様，コミュニティを広げる取り組みが有効だと考えられており，父親を対象とした育児サークル等も少

しずつみられるようにはなった。しかし，まだまだ父親同士が子育てについて語り合うような場は少ない。母親も父親も同様に悩みながら子育てをしている，という現状を踏まえた子育て支援が今後必要である。

　近年，育児は女性が行うものという考えから「夫婦で協力して行うもの」という考えに大きく変化してきた。では，実際に父親が子育てに積極的にかかわることでどのような効果が期待されるのだろうか。

　内閣府男女共同参画推進連携会議ポジティブ・アクション小委員会による「父親の育児支援事業の活動と効果について」のなかで，安藤哲也は，①母親の育児ストレスの低減，②夫婦関係（パートナーシップ）の強まり，③子供の成長，言葉や社会性が身につき子どもの良きモデルとなる，④自活力がつく，⑤仕事で有効な能力がつく，⑥父親自身の世界の広がり，などさまざまなメリットを述べている。[1]女性の社会進出や社会的な構造の変化，経済的な状況，ライフスタイルの変化などさまざまな要因が重なり，子どもを産み育てることは決して容易ではなくなってきた。しかし，父親自身が育児を楽しみ主体的に関わることが，そのような問題の解決策になるかも知れないと，大きく期待されているのである。

注

1）内閣府男女共同参画推進連携会議ポジティブ・アクション小委員会　安藤哲也「父親の育児支援事業の活動と効果について」2011年

参考文献

井村圭壯・相澤譲治編著『保育と家庭支援論』学文社，2015年
大豆生田啓友・太田光洋・森上史朗編『よくわかる子育て支援・家庭支援論』ミネルヴァ書房，2014年
渡辺顕一郎・橋本真紀編著，子育て広場全国連絡協議会編『詳解　地域子育て支援拠点ガイドラインの手引き―子ども家庭福祉の制度・実践をふまえて　第2版』中央法規，2015年
厚生労働省「地域子育て支援拠点事業（概要）」2013年
厚生労働省「つどいのひろば事業の実施」2004年

厚生労働省「イクメンプロジェクト」2010 年
厚生労働省「地域子育て支援事業実施要綱」2014 年

第12章 要保護児童及びその家庭に対する支援

第1節　児童虐待への対応

1．児童虐待の現状

　「児童虐待の防止等に関する法律」の第2条に基づくと，児童虐待は身体的虐待・性的虐待・ネグレクト・心理的虐待の4つに分類される。

　身体的虐待は，児童の身体に外傷が生じる，または生じるおそれのある暴行を加えることをいう。性的虐待は，児童にわいせつな行為をすること，または児童にわいせつな行為をさせることをいう。ネグレクトは，児童の心身の正常な発達を妨げるような著しい減食または長時間の放置，保護者以外の同居人による身体的虐待・性的虐待・心理的虐待・ネグレクトの放置，その他の保護者としての監護を著しく怠ることをいう。心理的虐待は，児童に対する著しい暴言または著しい拒絶的な対応，児童が同居する家庭における配偶者に対する暴力，その他の児童に著しい心理的外傷を与える言動を行うことをいう。

　このように分類される児童虐待は，年度を重ねるごとに増加してきている。「平成25年度福祉行政報告例」によれば，2013（平成25）年度に児童相談所が対応した児童虐待相談の対応件数は，7万3,802件となっており，2012（平成24）年度に比べ7,101件（10.6％）増加している。さらに，児童相談所以外にも，福祉事務所や市町村，教育委員会，警察などでも児童虐待に対応している

ことから、実際の発生件数はさらに多いものと推測される。また、2013年度に児童相談所が対応した児童虐待相談を、被虐待者の年齢別に割合をみると「小学生」が35.3％ともっとも多く、次いで「3歳～学齢前」が23.7％、「0～3歳未満」が18.9％となっている。さらに、虐待の分類別に割合をみると、「心理的虐待」が38.4％ともっとも多く、次いで「身体的虐待」が32.9％となっている。また、主な虐待者別に割合をみると「実母」が54.3％ともっとも多く、次いで「実父」31.9％となっている。

　以上のような現状から、児童虐待の発生は、珍しいことではなくなっている。そのため、保育者が、被虐待児童と出会う可能性は十分に考えられる。

2．児童虐待の発見と対応，発生予防

　「児童虐待の防止等に関する法律」では、保育者に対しても、虐待を発見しやすい立場にあることを自覚し、虐待の早期発見に努めるように規定している。さらに、虐待を受けたと思われる児童を発見した場合は、速やかに市町村や福祉事務所、児童相談所に通告しなければならないことになっている。つまり、保育者には、児童が明らかに虐待を受けた時点ではなく、虐待を受けたと思われる"疑い"の時点から適切な対応を図ることが求められている。

　しかし、実際に虐待を受けたと思われる"疑い"の時点から対応することは、容易ではない。たとえば、虐待を受けた子どもは、加害者を守る傾向にある。そのため、身体的虐待を受けたと思われる怪我があったとしても、「自分で転んだ」などといって虐待を受けた事実を隠すことがある。また、保護者が子どもに対して、体罰を交えながらきつく叱っていたとしても、しつけの一環としての行動なのか、児童虐待なのかを明確に区別することはむずかしい。したがって、保育者は、虐待を早期から発見・対応するためのSOSサインを見逃さないように留意することが必要となる。加えて、虐待を受けたと思われる"疑い"をもった時点では、一人で判断をせず、園内などで組織的に対応することが必要となる。

また，厚生労働省が示す「子どもの虐待対応の手引き」では，虐待に至るおそれのある要因（リスク要因）が「保護者側」「子ども側」「養育環境」の3つに分けて整理されている。この手引きに示されている要因が，必ず虐待につながるわけではない。しかし，保育者は，それぞれの家庭における保護者や子どもの状況，養育環境などを正確に把握し，虐待の発生予防に向けた適切な支援を実践していくことが求められる。

第2節　ひとり親家庭への支援

1．ひとり親家庭の現状

　ひとり親家庭とは，離婚や未婚，死別などの理由によって，父親または母親が一人で20歳未満の子どもを育てている家庭のことである。

　2010（平成22）年の「国勢調査」によると，わが国では，一般世帯5,184万2,307世帯のうち，母子世帯が75万5,972世帯，父子世帯が8万8,689世帯あるとされている。この結果から，わが国のひとり親世帯は，一般世帯の1.6％を占めていることになる。

　また，厚生労働省「平成23年度全国母子世帯等調査結果報告」をもとに，ひとり親家庭の生活状況をみると，次のような現状にある。

　まず，ひとり親世帯になった理由は近年，「死別」が減少する一方で，「生別（なかでも離婚）」が増加している。

　次に，就業や収入の状況をみてみる。母子世帯の就業状況をみると，80.6％の母親が就業しており，雇用形態は「パート・アルバイト等」が47.4％となっている。一方，父子世帯の就業状況をみると，91.3％の父親が就業しており，雇用形態は「正規の職員・従業員」が67.2％と安定した状況がうかがえる。しかし，世帯の収入をみると，児童のいる世帯の平均所得は658.1万円（「平成23年国民生活基礎調査」より）であるのに対し，母子世帯の平均収入は291万円，父子世帯の平均収入は455万円となっている。このことから，ひと

り親家庭は、親が就業しているにもかかわらず、経済状況に厳しさがあることがうかがえる。これは、親本人の困りごとが、父子・母子世帯に共通して、「家計」の割合がもっとも多くなっていることからもわかるであろう。なお、「家計」以外の親本人の困りごとは、母子世帯で「仕事」「住居」、父子世帯で「家事」「仕事」の割合が多くなっている。

最後に、子育ての状況をみてみる。小学校入学前の子どもがいる場合の保育状況をみると、父子・母子世帯いずれも「保育所」で保育している割合が高い。さらに、ひとり親家庭が抱える子どもについての悩みは、0〜4歳の子どもがいる場合をみると、父子・母子世帯に共通して、子どもの「しつけ」や「教育・進学」に関する悩みを抱える割合が多くなっている。また、それら2つに次いで割合の多い悩みは、母子世帯で「健康」、父子世帯で「食事・栄養」となっている。これらのことから、保育所の保育士がひとり親家庭への支援にあたる可能性は十分にあり、さまざまな相談内容に対応していく必要性がある。

2.ひとり親家庭への支援の実際

前述の通り、ひとり親家庭が必要とする支援は、就労や経済面、住居や家庭生活、子育てなど、非常に多岐にわたっていることがわかる。そのようななか、保育者はひとり親家庭にとって、もっとも身近な専門職として存在することになる。そのため、保育者がひとり親家庭への支援を進める際には、以下のようなことに留意していきたい。

まず、ひとり親家庭には、就労や経済面、住居や家庭生活など、さまざまな支援に関する情報が必要となる。一方、わが国では、ひとり親家庭を支援するためのさまざまな制度等がある。たとえば、児童扶養手当制度や母子家庭等医療費助成制度、母子家庭等日常生活支援事業、母子・父子・寡婦福祉資金貸付制度などがある。そのため、保育者は、これらの制度等の情報を把握し、必要に応じて家庭へ情報提供していく必要がある。さらに、これらの制度等は、市

町村の相談窓口（福祉事務所や家庭児童相談室）などでより詳細な情報提供や諸手続きが行われる。そのため，適切な機関や母子・父子自立支援員のような専門職を紹介し，保育者もそれらの機関・専門職と連携しながら，制度利用を支援していく必要がある。

　また，家庭生活や子育ての支援では，保育者がより専門性を発揮する場面となる。そのため，保育者はまず，保護者との日々のコミュニケーションを通じて，家庭状況を丁寧に把握する必要がある。その上で，必要としている支援を提供していくこととなるが，その際には次のような点が必要となる。まず，保護者（ひとり親本人）だけではなく，祖父母などの協力者がいる場合がある。従って，保育の場への送迎は，祖父母などの協力者が行うこともある。そのため，保育者は，保護者以外の家族とも信頼関係を作り，連携していく必要がある。また，保護者がひとりで家事や子育て，仕事を行っている場合もある。そのため，保護者のペースに合わせた生活となってしまったり，子どもと関わる時間が少なかったりすることがある。しかし，そのような場合でも保育者は，保護者を否定せず，ねぎらいの言葉をかけ，保育の場が保護者にとっても安心できる場となることが望まれる。また，近年では，「離婚」を理由にひとり親家庭となる場合が増えているため，子どもへの面会制限などが設けられていることもある。しかし，親権のある親の了解なしに，もう一方の親が保育の場に子どもの面会を求めて来る場合がある。したがって，そのようなトラブルの発生に備えて，保育の場の園内体制や役割分担を事前に整えておくことが必要となる。

第3節　障がいのある子どもをもつ保護者への支援

1．障がいの捉え方

　WHO（世界保健機関）は，2001（平成13）年の総会において「ICF（International Classification of Functioning, Disability and Health：国際生活機能分類）」を採択した。

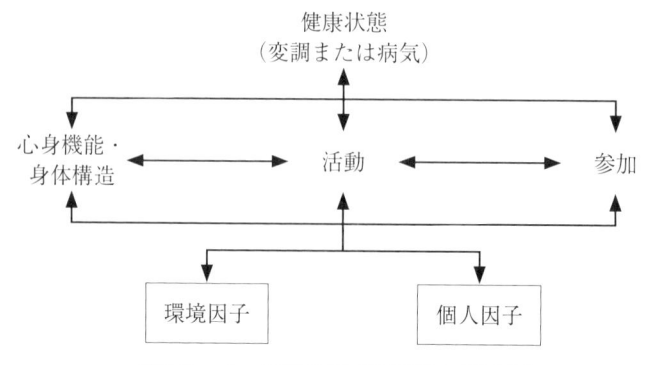

```
                    健康状態
                （変調または病気）
                      ↕
  心身機能・  ←→    活動    ←→   参加
  身体構造
        ↓           ↓           ↓
     環境因子              個人因子
```

図12－1　ICF の構成要素間の相互作用

出所）障害者福祉研究会『ICF 国際生活機能分類―国際障害分類改定版』中央法規，2002年，p.17

　この ICF では，ひとの「健康状態」と，生活機能と総称される「心身機能・身体構造」「活動」「参加」の3要素と，背景因子と総称される「環境因子」「個人因子」の2要素が，それぞれ相互に作用しているモデルが示されている（図12-1）。つまり，ひとの生活は，これらの要素が相互に作用し合って，全体像がつくられていることになる。また，生活機能が低下した状態を「障害」ととらえることとなっており，障がいによって生じるさまざまな課題を，そのひとの生活の全体像から理解することができるモデルとなっている。

　ICF の視点に基づく具体的な生活理解の方法は，他書を参照されたいが，本書で注目してもらいたいのは，背景因子として「環境因子」が位置付いていることである。この環境因子には，ICF の分類に基づくと，家族の支援や態度も含まれている。したがって，障がいをもつ子どもの生活の全体像をとらえる上では，家族からの影響も必ず考慮しなくてはいけない。そして，障がいをもつ子どもの生活を支援するためには，家族への支援も必要になる。

2．障がい受容に対する支援

　子どもの障がいは，さまざまなことがきっかけとなって発症・発覚する。たとえば，出生時のトラブルで発症したり，出生前診断や出生後の諸検査で発覚

する場合がある。また，何らかの疾病の後遺症として発症する場合，乳幼児健康診査での指摘や集団生活のなかでの行動観察で発覚する場合などがある。

いずれにしても，保護者は，わが子に障がいがあると知った時に，「ショック」の状態となる。その後，自分の子どもの障がいを認めたくない気持ち（「否認」の段階）になり，時には都合の良い診断を求めて医療機関を転々とする（ドクターショッピング）。そして，「なぜ私の子が…」といったような「悲しみと怒り」の感情が強くなる。しかし，時間が経つにつれて，自分の置かれている状況に「適応」し，わが子の障がいを受け入れ始める。そして，障がいをもつわが子とともに人生を歩んでいこうと「再起」していく。

このように，障がいをもつ子どもの保護者は，「ショック→否認→悲しみと怒り→適応→再起」のプロセスを経て，わが子の障がいを受容していく。これは，ドロータ（D. Drotar）が明らかにした，障がい受容のプロセスモデルである。そのため，保育者は，保護者がわが子の障がいを受容していくプロセスに，このような感情変化があることを理解しておく必要がある。ただし，障がい受容の仕方には，保護者それぞれに個別性があることも念頭に置かなければならない。また，一度，障がいを受容し，再起したかに見えても，悲しみや不安が存在するなど，感情が揺れ動くことにも留意しなければならない。したがって，保育者は，保護者が今どのような感情にあるのかを把握し，わが子の障がいが受容できるよう，時間をかけて支援していくことが大切となる。そうすることで，安定した親子のかかわりや家庭での適切な支援が実践され，子どもの発達にもよい影響を与えることになる。

3．障がいのある子どもをもつ保護者への支援の実際

障がいのある子どもをもつ保護者は，子どもが今後どのような生活を送ることになるのか，不安を抱く場合が多い。そのため，保育者は次のような点に留意しながら支援を進める必要がある。

まず，何よりも保護者の不安に寄り添う姿勢が大切となる。障がいを抱えな

がら生活するということは、多くの保護者が未経験のことである。そのため、「同年齢の子どもができていることが、わが子はできない」「これからどのようなライフコースを送り、親亡き後にわが子はどのような人生を送るか」など不安は尽きない。したがって、まずは保護者の不安を傾聴し、その不安を受容する姿勢が重要となる。

　また、保育者からの助言は、具体的で実行と継続が可能なものである必要がある。障がいを抱えるわが子との生活では、保護者がなんらか"困り感"を抱くことがある。たとえば、言葉に遅れがあるために、保護者が子どもの伝えたいことを理解できないといったことがある。これは、突発的に起こるものではなく、日々の生活のなかから生じるものである。一方で、保育者は、保護者にとって、子どもの様子をよく知るもっとも身近な専門家である。従って、保育者は、日々の子どもの様子から、保護者の"困り感"に対するより具体的な助言を提供する必要がある。その際、保育者は、家庭での子どもの様子や家族の状況等を考慮し、実行と継続が可能な方法を提案する必要がある。

　さらに、適切な専門職や専門機関などの各種の社会資源を紹介することも必要となる。障がいによって生じるさまざまな課題は、保育の専門性だけでは解決できないことも多い。そのため、保育者がすべて対応するのではなく、適切な専門職や専門機関などの各種の社会資源を紹介し、課題を解決していくことが重要になる。その際、保育者も、紹介した専門職や専門機関などとも連携し、支援を進める必要がある。また、時には、専門職や専門機関から伝えられた内容を、保育者が保護者に理解しやすい言葉で説明し、生活のなかで有効に活用できるようにする必要がある。

参考文献

厚生労働省「子ども虐待対応の手引き（平成 25 年 8 月改正版）」2013 年
松本園子ほか編『実践　家庭支援論』ななみ書房，2014 年
新保育士養成講座編集委員会『新保育士養成講座　第 10 巻　家庭支援論　家庭支援と保育相談支援』全国社会福祉協議会，2011 年

総務省「平成 22 年国勢調査最終報告書『日本の人口・世帯（上巻―解説・資料編）』」2014 年
厚生労働省「平成 23 年度　全国母子世帯等調査結果報告」2012 年
厚生労働省「平成 25 年度　福祉行政報告例」2014 年
山本伸晴ほか編『保育士をめざす人の家庭支援』みらい，2011 年
櫻井奈津子『保育と児童家庭福祉』みらい，2012 年

第13章 子育て支援における関係機関との連携

第1節 子ども家庭福祉を担う行政機関

1．専門機関

　子ども家庭福祉を担う専門機関には，自治体等による公的な行政機関と民間が運営する施設等の機関がそれぞれ設置されている。主に行政機関は，福祉利用者への窓口や申請の受理，相談援助，等を行っており，民間機関はその専門性を生かした支援を実施している。

2．市町村

　近年，児童虐待相談件数が急増したことにより，2005（平成17）年4月から，子ども家庭相談の第一義的な窓口は市町村となり，子どもが有する問題または子どもの真のニーズ，子どもの置かれた環境の状況等を的確に捉え，個々の子どもや家庭にもっとも効果的な援助を行うことが市町村の役割となった。[1]
具体的には，児童や妊産婦の実態の把握，情報の提供，相談，調査，指導などを行う（「児童福祉法」第10条）。
　また，市町村は児童の健全育成に資するため，① 児童や保護者の居宅において保護者の児童の養育を支援する事業（乳児家庭全戸訪問事業），② 保育所その他の施設において保護者の児童の養育を支援する事業（子育て短期支援事業，

病児・病後児保育事業，一時預かり事業，放課後児童健全育成事業，養育支援訪問事業），③地域の児童の養育に関する各般の問題につき，保護者からの相談に応じ，必要な情報の提供及び助言を行う事業（地域子育て支援拠点事業），など実施の努力義務が課せられている（「児童福祉法」第21条の9）。

3．都道府県

市町村の業務の実施に関し，市町村職員の研修，児童や家庭に対して市町村の区域を超えた広域的な見地からの実情把握，里親の相談への対応，情報提供，助言，研修などを行う（「児童福祉法」第11条）。

4．児童相談所

都道府県が行う業務の実動機関となっており，すべての自治体に児童相談所は設置されている。さまざまな専門職が，（表13-1）に示す業務を実施しており，この他にも，必要に応じて担当区域における家庭の巡回なども行っている（「児童福祉法」第12条）。児童相談所がうける相談件数のうち，約半数が障がい相談であり，他にも養護相談，育成相談，保健相談，非行相談などがある。近年，虐待通告件数の増加に伴い，その対応（訪問調査，在宅指導など）も大きな業務内容となっている[2]。

5．福祉事務所

福祉事務所とは，「福祉に関する事務所」の通称であり，生活保護，児童福祉，母子及び父子並びに寡婦福祉について，援護，育成，更生などに関する事務をつかさどる行政機関である（「社会福祉法」第14条[3]）。都道府県及び市（特別区を含む）に設置が義務付けられており，近年その役割や機能が変化してきている[4]。児童福祉分野における業務としては，助産施設，母子生活支援施設への入所事務や，母子家庭等の相談，調査，指導等を行い，児童相談所から委嘱された場合の家庭調査業務なども請け負っている。

表13－1　児童相談所の業務

市町村援助	市町村による児童家庭相談への対応について，市町村相互間の連絡調整，市町村に対する情報の提供その他必要な援助を行う。
相談援助	子どもに関する家庭等からの相談のうち，専門的な知識及び技術を必要とするものについて，必要に応じて子どもの家庭，地域状況，生活歴や発達，性格，行動等について専門的な角度から総合的に調査，診断，判定（総合診断）し，それに基づいて援助指針を定め，自らまたは関係機関等を活用し一貫した子どもの援助を行う。
一時保護	必要に応じて子どもを家庭から離して一時保護する。
措　置	子どもまたはその保護者を児童福祉司，児童委員，児童家庭支援センター等に指導させ，または子どもを児童福祉施設，指定医療機関に入所させ，または里親に委託する。

出所）厚生労働省「児童相談所運営指針の改正について：第1章　児童相談所の概要」2005年，より抜粋，加筆修正

　福祉事務所内には，家庭児童相談室が設置されており，子ども家庭福祉の窓口となっている。家庭児童相談室は法的に業務内容が定められていないが，子どもと家族に関わる問題や子どもの養育環境，学校生活，障がいなどの相談に応じ，保護者以外にも，保育所，幼稚園，学校等からの相談を受け付けている。

6．保健所

　保健所とは，地域住民の健康の保持及び増進を目的とする機関である（「地域保健法」第5条）。都道府県，政令指定都市（特別区を含む）への設置が義務付けられており，児童福祉領域に関しては，児童の保健についての衛生知識の普及，児童の健康相談・健診・保健指導，身体障害児や長期療養が必要な児童の療育指導，児童福祉施設に対する栄養改善・衛生に関する助言，等の業務を行っている（「児童福祉法」第12条の6）。低体重出生児や障がいをもった児童など，保護者による子どもの発育や発達への不安が大きいと，虐待のリスクも高まる場合が多い。近年保健所では，子育て支援の担当を設けているところも多

く，保護者の抱える育児不安などへの支援の効果が期待できる。

7．市町村保健センター

市町村保健センターとは，住民に対し，健康相談，保健指導および健康診査その他，地域保健に関する必要な事業を行うことを目的とした機関である（「地域保健法」第18条）。市町村に任意設置されており，市町村レベルの地域住民への健康づくりを目的としている。母子保健・老人保健を中心に支援の提供を行っているが，児童福祉に関して具体的には，乳幼児健康診査，予防接種，健康相談，乳幼児家庭全戸訪問事業（こんにちは赤ちゃん事業）などがあげられる。

第2節　児童福祉施設

1．施設の種別

児童福祉施設は大別すると，養護系（乳児院，児童養護施設，児童自立支援施設，情緒障害児短期治療施設，母子生活支援施設），障がい系（障害児入所施設，児童発達支援センター），育成系（助産施設，保育所，幼保連携型認定こども園，児童厚生施設，児童家庭支援センター），の3種類に分かれ，「児童福祉法」では12の機関が児童福祉施設として定められている。本節では，それぞれの系統について概要を説明する。

2．養護系

養護系施設は，第一種社会福祉事業施設として，児童福祉施設のなかでも社会的養護の側面を担っており，入所している児童たちは要保護児童として，措置制度により入所する（表13-2）。児童の多くがさまざまな課題を抱えており，特に2000（平成12）年に「児童虐待防止法」が施行されて以来，施設入所児の多くが被虐待経験をもって施設入所するようになってきている。その他に

表13-2 養護系施設の概要

施設名	概要
乳児院	乳児（保健上，安定した生活環境の確保その他の理由により特に必要のある場合には，幼児を含む。）を入院させてこれを養育し，あわせて退院した者について相談その他の援助を行う（「児童福祉法」第37条）。
児童養護施設	保護者のない児童，虐待されている児童，その他養護を要する児童を入所させて，これを養護し，あわせて退所した者に対する相談その他の自立のための援助を行う（「児童福祉法」第41条）。
児童自立支援施設	不良行為をし，またはするおそれのある児童などを入所させて，必要な指導を行い，その自立を支援する（「児童福祉法」第44条）。
情緒障害児短期治療施設	軽度の情緒障害を有する児童を，短期間，入所させ，または保護者の下から通わせて，その情緒障害を治し，あわせて退所した者について相談その他の援助を行う（「児童福祉法」第43条の2）。
母子生活支援施設	母子家庭の母と子（児童）を入所させて，これらの者を保護するとともに，これらの者の自立の促進のためにその生活を支援し，あわせて退所した者について相談その他の援助を行う（「児童福祉法」第38条）。

出所）「児童福祉法」をもとに筆者作成

も，親の精神疾患や，経済的理由など，家庭環境が原因で親子が共に生活することが困難となっている場合が多く，子どもが親から分離されて生活している。また，多くの場合，複数の養護問題を抱え，複雑な支援ニーズを抱えているため，養護系施設には，保育士，児童指導員などのケアワーカーの他に，家庭支援専門相談員，里親支援専門相談員，心理療法担当職員，個別支援相談員，などの配置が義務づけられている。

3．障がい系

障がい系施設は，これまで障がいの種類別に分類されていたが，2010年（平成22年）の「障害者自立支援法」（現，障害者の日常生活及び社会生活を総合的に支援するための法律）および児童福祉法の改正（施行は2012年から）により，「児童

表13—3　障がい系施設一覧

法改正以前の名称	2012（平成24）年4月1日以降の名称
知的障害児施設	（障害児入所支援）
自閉症児施設	
盲児施設	・障害児入所施設（福祉型・医療型）
ろうあ児施設	
肢体不自由児施設	
重症心身障害児施設	
児童デイサービス	（障害児通所支援）
知的障害児通園施設	・児童発達支援センター（福祉型・医療型）
難聴幼児通園施設	・放課後等デイサービス
肢体不自由児通園施設	・保育所等訪問支援
重症心身障害児通園事業	

出所）厚生労働統計協会『国民の福祉と介護の動向』2014年，p.134をもとに加筆修正

発達支援センター」（福祉型・医療型）と「障害児入所施設」（福祉型・医療型）に一元化された（児童福祉法第7条）（表13-3）。福祉型の施設では，「独立自活に必要な知識技能の付与」や「集団生活への適応訓練などの支援」がなされ保育士や児童指導員などのケアワーカーが多く勤務している。また，医療型の施設では，福祉型の支援に加え，「治療」的支援がなされるため，ケアワーカーの他にも，医師，看護師，作業療法士（OT），理学療法士（PT）など，医療に関する専門職が勤務している。[5]

4．育成系

　育成系の施設は，保育所や児童厚生施設など，一般家庭の子どもがいる家庭を支援の対象としており，子どもの健全な育成を図ることを目的としている第二種社会福祉事業施設である（表13-4）。これらの施設は，当事者と自治体に

表13－4　育成系施設の概要

施設	概要	
助産施設	保健上必要があるにもかかわらず，経済的理由により，入院助産をうけることができない妊産婦を入所させて，助産を受けさせる（児童福祉法第36条）。	
保育所	保育に欠けている乳幼児を対象として保育を行う。また，地域の住民に対して保育に関する情報の提供を行い，乳児，幼児等の保育に関する相談に対して助言を行う（「児童福祉法」第39条，第48条の3）。	
幼保連携型認定こども園	①修学前の子どもに幼児教育・保育を提供する，②地域における子育て支援を行う（すべての子育て家庭を対象に子育て不安に対応した相談や親子のつどいの場の提供を一体的に提供する）。	
児童厚生施設	児童館	地域において児童に健全な遊びを与え，その健康を増進し，または情操を豊かにすることを目的とする児童福祉施設である。主な事業としては，遊びを通じての集団的・個別的指導，母親クラブ等の地域組織活動の育成・助長，健康・体力の増進，放課後児童の育成・指導，子育て家庭への相談，等を行っている（「児童福祉法」第40条，「児童福祉施設の設備及び運営に関する基準」第37条の2）。
	児童遊園	児童の健康増進や，情緒を豊かにすることを目的とし，児童に安全かつ健全な遊び場所を提供する屋外型の施設である。広場，遊具（ブランコ，砂場，すべり台，等），トイレ等が設置されている（「児童福祉法」第40条，「児童福祉施設の設備及び運営に関する基準」第37条の1）。
	放課後児童健全育成事業（学童保育）	放課後児童健全育成事業（以後，学童保育）とは，主に日中保護者が家庭にいない概ね10歳未満の小学校に就学している児童に対して，授業の終了後に適切な遊びや生活の場を与え，児童の健全な育成を図る保育事業である。「学童クラブ」「放課後クラブ」など自治体によって名称が異なる（「児童福祉法」第6条の3第2項）。
児童家庭支援センター	地域の児童の福祉に関する問題，児童に関する家庭その他からの相談のうち，専門的な知識及び技術を必要とするものに応じ，必要な助言を行うとともに，市町村の求めに応じ，技術的助言その他必要な援助を行うほか，児童相談所の児童福祉司が行う指導等を補完的に担う。また，児童相談所や他の児童福祉施設等の関連期間との連絡調整等を総合的に行う（「児童福祉法」第44条の2）。	

出所）「児童福祉法」「児童福祉施設の設備及び運営に関する基準」より抜粋，加筆修正

よる選択利用（助産施設，保育所，幼保連携型認定こども園）や，開放時間に自由に使用できる直接利用（児童厚生施設，児童家庭支援センター）といった形で利用することができる。

第3節　保育士と関係機関の連携

1．関係機関の連携の必要性

　子育て支援には，予防と早期発見が重要となる。特に障がいをもつ子どもとその保護者に対しては早期介入や適切な支援の提供によって，子ども自身の暮らしにくさや保護者の子育てのしにくさを減らし，子どもと保護者の関係の悪化を未然に防ぐことができる。これらの知識や支援を提供するためには，保育士は地域にある資源を理解し，これまでに述べてきたような各種の専門機関との連携が必要不可欠となる。

2．要保護児童対策地域協議会

　要保護児童対策地域協議会（以下「要対協」）とは，市町村，医療機関，学校・教育委員会，保育所，保健関係機関，民生・児童委員，弁護士会，警察，児童相談所等，ケースによって関係者が集められ，さまざまな専門職が集まり，支援を必要とする児童や家庭をアセスメントし，要保護児童の判定協議を行うことによって，地域の要保護児童を早期発見・早期対応を目的とする機関である。「児童福祉法」第25条の2第1項では，子どもの心身の状態等を観察し，不適切な養育の兆候がみられる場合には，市町村や関係機関と連携し，要対協においてその支援を検討することが規定されており，虐待が疑われる場合には，速やかに市町村または児童相談所に通告することとなっている。

3．その他の機関・事業

　これまでに述べてきた機関以外にも，子どもに関わる活動，子育てサロン，

子育てサークル，病児・病後児保育事業，などがあり，運営主体も，公的機関，民間施設，NPO法人，個人など，地域にはさまざまな活動が存在している。

行政主体で実施するものは画一的なサービスになりがちであるが，NPOやボランティア主体による取り組みは，地域のニーズに柔軟に対応することができ，先駆的・予防的な取り組みを行っているものもある。また，児童養護施設や乳児院に付設されているショートステイ事業やトワイライトステイ事業など，地域には多くの資源があるが，運営主体によっては認知度の低い事業なども存在する。

4．保育者の役割

公的機関は敷居が高く，自ら援助を受けようとは思えない保護者が多い。反面，ボランティア主体などの地域活動では複雑な問題を抱えた子どもや家庭への対応が難しい場合もある。そこで，保育所・幼稚園などは，子育てをしている保護者にもっとも身近な専門機関として存在しているため，地域活動における手遊びや保育サービスや，地域にある社会資源の存在などのさまざまな情報を提供しつつ，支援を必要とする家庭の発見や，他の専門機関へと連携して，適切なサービスにつなぐ役目も担っている。また，日頃の保育のなかで，子どもや保護者の様子を把握し，要対協などの求めに応じ，情報を提供することも求められるようになってきている。

注

1）対応がむずかしい相談や専門性が必要な相談については従来通り児童相談所が窓口となる。
2）2015（平成27）年7月1日より，児童相談所全国共通ダイヤルが3桁の189番となり，簡単に最寄りの児童相談所につながるようになった。児童相談所における虐待対応業務は今後さらに増加することが予想される。
3）都道府県福祉事務所の所管は，福祉六法のうち，生活保護法，児童福祉法，母子及び父子並びに寡婦福祉法の三法となっており，老人福祉法，身体障害者福祉

法，知的障害者福祉法の三法は措置権が都道府県から町村へ移譲されている。
4）以前は保育所入所に関わる業務を主として実施していたが，1997（平成9）年の児童福祉法改正以降，保育所の措置制度が廃止されたことにより，現在は，生活保護の実施等が主な業務となっている。
5）障害児入所施設においては，法改正前の児童福祉法で規定していた施設種別に準拠する形で支援が行われていくことが推測される。

参考文献

朝倉恵一・峰島厚編著『「子どもの権利条約」時代の児童福祉 ② 子どもの生活と施設』ミネルヴァ書房，1996年

長谷川眞人・神戸賢次・小川英彦編著『「子どもの権利条約」時代の児童福祉 ③ 子どもの援助と子育て支援—児童福祉の事例研究』ミネルヴァ書房，2001年

伊藤貴啓「発達障害をもった子どもの自立支援」喜多一憲ほか編『児童養護と青年期の自立支援—進路・進学問題を展望する』ミネルヴァ書房，2009年

西田芳正編著『児童養護施設と社会的排除—家族依存社会の臨界』解放出版社，2011年

第14章 子育て支援サービスの課題

　子育て支援のための施策の趣旨および基本的視点についてエンゼルプランでは，以下のように述べている。[1]

> ［1］　子どもを生むか生まないかは個人の選択に委ねられるべき事柄であるが，「子どもを持ちたい人が持てない状況」を解消し，安心して子どもを生み育てることができるような環境を整えること。
>
> ［2］　今後とも家庭における子育てが基本であるが，家庭における子育てを支えるため，国，地方公共団体，地域，企業，学校，社会教育施設，児童福祉施設，医療機関などあらゆる社会の構成メンバーが協力していくシステムを構築すること。
>
> ［3］　子育て支援のための施策については，子どもの利益が最大限尊重されるよう配慮すること。

　つまり，「子育て支援サービス」とはいうものの，それは子育てをする家庭へのサービスでもあり，それと同時に，国や地方公共団体，地域や企業も含め，社会の構成メンバー全員の義務ともいえる。実際に子育ての責任に関しては，児童福祉法第1条には，「すべて国民は，児童が心身ともに健やかに生まれ，且つ，育成されるよう努めなければならない。」とされている。

　それでは以下で，子育てサービスにおける課題についてみていくが，子育て

の責任は「すべての国民」に課せられていることを大前提とする。

第1節　保育サービス等における課題

　旧こども未来財団のガイドラインでは，「地域子育て支援拠点」とは，「親同士の出会いと交流の場であり，子どもたちが自由に遊び関わり合う場でもある。親は親で支え合い，子どもは子どもで育みあい，地域の人たちが親子を温かく見守ることが，子育ち・子育てにおいては必要不可欠な経験となる。すなわち，地域子育て支援拠点は，親子・家庭・地域社会の交わりをつくりだす場」[2]とされている。

　そして，地域子育て支援における保育サービス等においては，通常保育事業に加え，一時預かり事業，延長保育事業，休日・夜間保育事業，病児・病後児保育事業，障害児保育事業，そして，子育て短期支援事業（ショートステイとトワイライトステイ）やファミリー・サポート・センター事業などがある。

　以下，それぞれの事業における課題をみてみる。

(1)　**通常保育事業**
　① 希望しても保育所入所ができない（待機児童問題）
　② きょうだいが別々の保育所にしか入所できない
　③ 年度途中の入所が困難なため，育児休業期間を切り上げざるを得ない
　④ 保育所入所可否の結果がわかる時期が遅すぎる
　⑤ 保育所で子どもが病気になっても，すぐに迎えに行けない
　⑥ 子どもが病気になった時，通常保育では預かってもらえない
　⑦ 保育内容に疑問があったとしても，「預かってもらっている」との弱い立場からあまり何も言えない

(2)　**一時預かり事業**
　① すべての園で実施しているわけではない
　② 定員が少なく，預けたい時に預けられない場合がある

③ 料金が高い
④ 幼稚園の場合，サービス時間等充実していない場合がある

(3) 延長保育事業
① サービス内容（時間等）が，働く保護者のニーズに合っていない
② 延長保育時間における保育士の人数確保が困難
③ 親子関係形成における課題

(4) 休日・夜間保育事業
① サービス実施している園が多くない
② サービス実施していたとしても半日しか預かってもらえない等の問題
③ 親子関係形成における課題
④ 休日・夜間保育時間における保育士の人数確保が困難

(5) 病児・病後児保育事業
① 看護師免許や医師免許を有する職員確保の問題
② 感染症流行の季節に定員オーバーで預かってもらえない
③ 診断書が必要となると，通院してから保育所等に預けに行かねばならず，出勤時間に間に合わない

(6) 子育て短期支援事業等
① ショートステイやトワイライトステイ，あるいはファミリー・サポート・センター等のサービス内容を知る人が少ない

(7) 放課後児童健全育成事業（放課後児童クラブ）
① 利用を希望しても利用ができない場合がある
② 働く保護者のための開所時間確保が難しい
③ 特に大規模クラブにおいては一人ひとりの子どもに目が行き届かない

(8) 地域における子育て支援事業
① 子育て世帯が地域から孤立している
② 各種子育てサービス内容が周知されていない

以上，保育サービス等における課題をみてきたが，そのなかでも特に，延長保育や夜間保育における子どもへの影響に関しては，気になるところではないだろうか。以下では，子どもの発達に関するある研究結果を紹介する。

＊延長保育・夜間保育における子どもの発達＊

　延長保育・夜間保育の課題は，子どもの発達の問題や親子関係が気になるところではないだろうか。

　しかし，網野ら2004（平成16）年の継続研究では，興味深い結果を示している。それは，子どもの発達上のリスクに関しては，保育時間の相違，つまり保育時間が11時間以上と11時間未満の子どもの発達には「差」がみられなかったというものである。それではいったい，子どもの発達に差がでる要因とは何であろうか。研究結果において要因を分析している作業のなか，浮上してきたことは，保護者や家族状況が強く影響していることがわかった。特に，保護者に育児相談者がいない場合と相談者がいる場合では，前者の方が子どもの発達におけるリスクが高かったと述べている。また，子どもの人とかかわる力や他者への理解については，家族で一緒に食事をする機会がめったにない場合，食事の機会がある場合に比べて，子どもの発達におけるリスクが高かったと述べている[3]。

　つまり，子どもの発達には保育時間は直接的関連がないといえるが，保護者への保育サポートがあるか否か，あるいは，たとえ保育時間が短かったとしても，一緒に食事をする機会を作っているか否かが，子どもの発達には大きく影響しているといえる。

　以上のことから，子育ての主体者である保護者への保育サポートがいかに重要であるか，そして，忙しいなか子どもの関わりをどのように工夫できるかが重要な要因であるといえ，また長時間保育における保育の質を向上させることが，子どもの発達に良い結果を及ぼすといえるのではないであろうか。

第2節　児童虐待防止対策

　児童虐待の防止対策も，子育て支援サービスのなかでは重要である。たとえば，24時間365日ずっと子どもと一緒にいることがストレスとなる保護者もおり，その結果子どもに対して心無い言葉を浴びせたり，なかには殴る蹴るの行為にいたってしまうケースもある。そのような状況のなか，たとえば24時間中の8時間だけでも子どもが保育所等で過ごすことにより，保護者の子育てのストレスが軽減するという場合もある。保育所がこのような位置付けにあることを考えると，保育所は児童虐待防止対策の中心機関のひとつであるといえる。

　また虐待に限らず，子育てについての悩み相談窓口としては，児童相談所の他にも地域子育て支援センターがある。これは特別保育事業のひとつである「地域子育て支援拠点事業」と位置付けられている。そして，担当職員の条件は「児童の育児，保育に関する相談指導等について相当の知識及び経験を有する者であって，各種福祉政策についても知識を有している者」を配置すべきというものであるため，その多くの支援センターが保育所に設置されるにいたったと考えられる。その他，保健センターに設置されたり，保育所からは独立した「単独型」支援センターも存在する。しかし，問題となってくるのが，肝心の保護者がその名を知らなかったり，どこにあるのかわからなかったりと，周知に関する課題がある。

　児童虐待のケースの場合，児童養護施設等の児童福祉施設の入所となる場合もあるが，施設に新たに配置された「家庭支援専門相談員」について紹介しよう。

　家庭支援専門相談員とは，「虐待等の家庭環境上の理由により入所している児童の保護者等に対し，児童相談所との密接な連携のもとに電話，面接等により児童の早期家庭復帰，里親委託等を可能とするための相談援助等の支援を行

い，入所児童の早期の退所を促進し，親子関係の再構築等が図られる」よう支援していく相談員である。そして配置される施設は，児童養護施設，乳児院，情緒障害児短期治療施設及び児童自立支援施設とされている。また資格要件は，「社会福祉士若しくは精神保健福祉士の資格を有する者，児童養護施設等において児童の養育に5年以上従事した者又は児童福祉法（昭和22年法律第164号）第13条第2項各号のいずれかに該当する者でなければならない」とされている。[4]

そして，家庭支援専門相談員の具体的業務内容は以下である[5]。

(1) 対象児童の早期家庭復帰のための保護者等に対する相談援助業務
　① 保護者等への施設内または保護者宅訪問による相談援助
　② 保護者等への家庭復帰後における相談援助
(2) 退所後の児童に対する継続的な相談援助
(3) 里親委託の推進のための業務
　① 里親希望家庭への相談援助
　② 里親への委託後における相談援助
　③ 里親の新規開拓
(4) 養子縁組の推進のための業務
　① 養子縁組を希望する家庭への相談援助等
　② 養子縁組の成立後における相談援助等
(5) 地域の子育て家庭に対する育児不安の解消のための相談援助
(6) 要保護児童の状況の把握や情報交換を行うための協議会への参画
(7) 施設職員への指導・助言及びケース会議への出席
(8) 児童相談所等関係機関との連絡・調整
(9) その他業務の遂行に必要な業務

その他の児童虐待防止対策としては，保護者自身の相談先や，虐待を発見した近隣住民などの通告先に関する情報の周知が重要といえる。また当然のことではあるが，保育所等による虐待の早期発見と，児童相談所等への相談や通告といった連携は必須となる。

第3節　発達障がいの支援

　発達障がい児を育てる親のなかには，わが子の運動発達，ことば，知的発達，親を含めた人や物へのかかわり行動などに課題があるため，育児が困難だと感じ，さらにはそれを自分のせいにしたり，深刻に悩んだり，不眠におちいる状態もある。そして，育児の困難さや自信喪失，不眠が継続することにより，保護者のなかには鬱的な状態になってしまう場合もある。したがって，発達障がい児を育てる親へのサービスとしては，まずは親自身発達障がいについての理解を深めること，相談先の選択肢が広がること，そして鬱状態になる前に社会全体で子育て支援に取り組むことといえるのではないだろうか。そのためには，親だけではなく，社会全体においての発達障がいへの理解が必要となる。

　発達障がい児を育てる親はたいてい，保育所とのかかわりをもつ以前から，母子保健事業や周産期医療にかかわる保健師や医師などから何らかの支援を受けている。また，乳幼児からの保育が一般化した最近では，保育所で子どもの発達問題を発見するケースも増えてきている。そのため，保育士には療育の考えや支援のあり方が求められてきている。

　このような状況の下，発達障がい児やその他特別な配慮が必要となる乳幼児に対して，保育所では「障がい児保育」の対象と認められた場合は，特別保育事業により補助や担当保育士の配慮がなされる。しかしその一方，認められなかった場合には，限られた保育士によって他の子どもたちと同じ集団保育のなかで保育されることとなる。したがって，保育所での障がい児の受け入れは，

保育士の配慮や施設の状況などから「集団保育が可能な程度」といわれる軽度，中度の知的障がい児とする自治体が多いのが現状である。その他，家庭や保護者による養育が大変厳しい障がいの程度である場合や専門的なケアが必要な場合には，障害児入所施設などを利用することもできる。

第4節　今後の子育て支援の課題と展望

　こちらも「サービス」ではなく「権利」ともいえるが，産休とよばれる産前休業および産後休業，そしてその後の，育休とよばれる育児休業の在り方が今後の課題となる。

　ちなみに，産前休業とは，出産予定日の6週間前（双子以上の場合は14週間前）から，請求すれば取得できるものであり，一方産後休業は法律により，出産の翌日から8週間は就業できないというものである（ただし，産後6週間を過ぎた後，本人が請求し，医師が認めた場合は就業できる）。産後休業の方は，本人の申請なしで出産翌日より8週間休業となるが，一方の産前休業の方は，本人申請の形がとられているため，出産当日のぎりぎりまで勤務するといったケースも存在する。そして育児休業に関しては，妊娠・出産・産前産後休業を取得したことなどを理由として，企業が労働者を解雇したりすることは法律で禁止されている[6]。つまり，裏を返せば，解雇されることを心配し育児休業の取得に遠慮をしたり，ためらいをもってしまったりするケースが多いというのが現状といえる。母親の場合でさえ，育児休業期間の切り上げに関してプレッシャーを感じたりするケースをよく耳にするが，ましてや父親の育児休業取得に関してはよりハードルが高いといえ，男性の育休取得率は，毎年約1％前後となっている。厚生労働省が示しているように，子育て世帯が産休も育休も「気兼ねなく」取得できる雰囲気作りが，国や地方公共団体のみではなく，企業や地域社会の今後の課題といえる。

　また，認定こども園の普及や，さまざまな保育サービス等の充実，待機児童

の解消，そして子育て支援の充実など，早急に解決しなければならない課題は山積みである。そしてこの山積みの課題は，子育て世帯や国，地方公共団体にとってのみではなく，最初に述べたように，「すべての国民」に課せられている課題である。

注

1) 文部省・厚生省・労働省・建設省「今後の子育て支援のための施策の基本的方向について」1994年
2) こども未来財団「地域子育て支援拠点事業における活動の指標『ガイドライン』普及版」2010年
3) 網野武博ほか「保育所における延長保育・夜間保育の意義と課題　その推移と動向から探る」『厚生労働研究』2004年
4) 厚生労働省雇用均等・児童家庭局長通知「家庭支援専門相談員，里親支援専門相談員，心理療法担当職員，個別対応職員，職業指導員及び医療的ケアを担当する職員の配置について」2012年
5) 同上
6) 厚生労働省「あなたも取れる！育休&産休」
　　http://www.mhlw.go.jp/bunya/koyoukintou/pamphlet/dl/31.pdf（2015年5月20日閲覧）

参考文献

井村圭壯・相澤譲治編著『保育と家庭支援論』学文社，2015年
植木信一編著『保育者が学ぶ　家庭支援論』建帛社，2014年
大豆生田啓友・太田光洋・森上史朗編『よくわかる子育て支援・家庭支援論』ミネルヴァ書房，2015年
小野澤昇・田中利則・大塚良一『子どもの生活を支える家庭支援論』ミネルヴァ書房，2013年
橋本真紀・山縣文治編著『よくわかる家庭支援論』ミネルヴァ書房，2015年
松村和子・澤江幸則・神谷哲司編著『保育の場で出会う家庭支援論―家族の発達に目を向けて』建帛社，2013年
吉田眞理『児童の福祉を支える家族援助論』萌文書林，2006年

索引

あ行

一時保育……………………………95
エンゼルプラン……………………67
オーウェン, R.……………………43
親子関係……………………………34

か行

核家族………………………………2
拡大家族……………………………2
家族…………………………………1
家庭…………………………………1
家庭内労働…………………………41
家庭における人間関係……………31
家庭の機能…………………………6
企業風土……………………………43
教育サポートセンター……………62
きょうだい関係……………………36
緊急一時保育………………………95
金銭的なサービス・支援…………20
交流支援サービス…………………19
国民生活基礎調査…………………33
子育てサークル……………………45
子育て支援サービス………………127
子育て相談…………………………96
子育て短期支援事業………………85
子育て発信サービス………………19
子育て負担を軽減するサービス…20
子育てを直接的に支えるサービス…20
子ども家庭支援センター…………62
子ども・子育て応援プラン………74
子ども・子育て支援新制度………55
今後の子育て支援のための施策の基本的方向について……………67
合計特殊出生率……………………97

さ行

再婚家庭……………………………5
里親制度……………………………5
産業革命……………………………39
三世代家族…………………………37
仕事と生活の調和(ワーク・ライフ・バランス)憲章…………………52
仕事と生活の調和推進のための行動指針……………………………52
市場経済……………………………41
市町村子ども・子育て支援事業計画(5か年計画)……………………55
市町村保健センター……………63, 120
社会資源……………………………57
社会生活基本調査…………………44
主任児童委員………………………63
少子化………………………………9
少子化社会対策基本法……………72
少子化社会対策大綱………………72
少子化社会対策大綱の具体的実施計画…………………………………74
少子化対策プラスワン……………70
次世代育成支援対策推進法………71
児童委員……………………………63
児童虐待……………………………107
児童虐待防止対策…………………131
児童相談所…………………………118
児童手当……………………………82
児童の権利に関する条約…………25
児童福祉施設………………………120

児童福祉法……………………………83
重点的に推進すべき少子化対策の具
　体的実施計画について……………68
女性の社会進出……………………14
新エンゼルプラン……………………68
性格形成学院………………………43
性別役割分業………………………13
相談・情報提供サービス……………19
祖父母との関係……………………36

た　行

第一次産業…………………………39
第三次産業…………………………40
第二次産業…………………………39
男女共同参画社会…………………49
地域活動事業………………………96
地域型保育事業……………………94
地域子育て支援拠点事業………… 100
共働き家庭…………………………10

な　行

認定こども園………………………94

は　行

発達障がいの支援………………… 133
ひとり親家庭…………………… 4, 109
夫婦関係……………………………32
福祉事務所…………………… 62, 118
保育所………………………………91
保育所保育指針……………………23
保育の必要性………………………93
放課後児童健全育成事業…………84
保健所………………………… 63, 119

ま　行

民生委員……………………………63

ら　行

利用者支援専門員…………………63

わ　行

ワーク・ライフ・バランス…………49

編著者紹介

井村　圭壯（いむら・けいそう）
1955年生まれ
現　　在　岡山県立大学教授　博士（社会福祉学）　保育士
主　　著　『養老事業施設の形成と展開に関する研究』（西日本法規出版，
　　　　　　2004年）
　　　　　『戦前期石井記念愛染園に関する研究』（西日本法規出版，
　　　　　　2004年）
　　　　　『日本の養老院史』（学文社，2005年）
　　　　　『日本の社会事業施設史』（学文社，2015年）

今井　慶宗（いまい・よしむね）
1971年生まれ
現　　在　関西女子短期大学講師　保育士
主　　著　『児童家庭福祉（第3版）』（共著）（大学教育出版，2014年）
　　　　　『社会福祉の制度と課題』（共著）（学文社，2015年）
　　　　　『社会福祉の基本と課題』（共著）（勁草書房，2015年）
　　　　　『現代社会福祉概説』（共著）（ふくろう出版，2015年）

|現代の保育と家庭支援論|2015年9月20日　第一版第一刷発行|

編　者　井　村　圭　壯
　　　　今　井　慶　宗
発行所　㈱　学　　文　　社
発行者　田　中　千　津　子

東京都目黒区下目黒3-6-1　〒153-0064
電話 03(3715)1501　振替 00130-9-98842
http://www.gakubunsha.com

©2015　IMURA Keiso & IMAI Yoshimune
Printed in Japan

落丁・乱丁本は，本社にてお取替えいたします。
定価は売上カード，カバーに表示してあります。
印刷／亨有堂印刷所
ISBN978-4-7620-2564-8　　検印省略